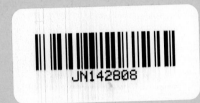

現場からはじめる

働き方改革

宮﨑 敬・佐貫総一郎［著］

一般社団法人金融財政事情研究会

はじめに

「働き方改革」に関して、在宅勤務、テレワーク、フレックスタイムなどの活用事例が毎日のように報道され、官民一体となってさまざまな施策が取り組まれています。また、「同一労働同一賃金」「時間外労働の上限規制」「有給休暇取得」は法改正に伴い必達の状況となっています。

「働き方改革」政策項目は多岐にわたっていますが、その要《かなめ》となっているコンセプトはワーク・ライフ・バランスといえます。人生100年時代を迎えるにあたり、この考え方はますます重要性を増しています。まず、私たち一人ひとりがその必要性を理解し、自分の人生は自分が決めるという夢と覚悟をもってしっかりと取り組む姿勢が求められます。そして、企業（直接には上司）がそれを支援し、実現のための条件を整えていく必要があります。

本書の序章では、政府が発表した「働き方改革」の全体像について、私たちの暮らしに結びつけながら平易に解説しています。そして、これらの課題を達成するために必要な知識や考え方について第１章から第５章までの５つの視点（ライフプラン、人事制度、組織運営、職場環境・健康管理、能力開発）でお伝えしています。このような大きな窓から働き方改革全体を見渡せる点が本書の大きな特徴です。

そして、ワーク・ライフ・バランスを実現するためには残業削減が必達課題であることは、皆さんがいちばん痛感されていることと思います。「早く帰れ！」の号令だけでは長続きせず、裏付けとしての生産性向上と業務改善（ミス・トラブルの防止を含む）が前提条件であることから、それらの実践ポイントを第６章で体系的にご説明しています。IT化とともに、RPA（事務ロボット）やAI（人工知能）の導入事例が増えていますが、それらの前提となる業務標準化と足元からの改善について体系的に解説している点も本書の特徴といえます。現場で「残業削減」と「仕事の山」の板挟みに苦しむ方々のお役に立てれば幸いです。本書が、真の「働き方改革」の実現に貢献できることを願ってやみません。

最後に、二人の著者のコンセプトを一冊の本にまとめながら奮闘していただいた株式会社きんざい出版部の西田侑加氏ほか、お世話になった皆さまに感謝の意を表します。

2019年２月

宮﨑　敬
佐貫　総一郎

著者紹介

宮﨑　敬（みやざき　たかし）**【第６章担当】**
株式会社オフィスソリューション　代表取締役
1955年生まれ、東京都出身。1979年早稲田大学法学部卒業後、三菱信託銀行（現・三菱UFJ信託銀行）入社。証券代行、外国証券管理等の事務サービス業務領域で現場マネジメントを経験。2004年より同社グループ内関連会社常務取締役。事務マネジメントに関する経験と研究成果を「事務学」として体系化し、社内外での講演、セミナー、業務改善プロジェクト指導に携わる。2011年グループ内研修会社にて研修開発・講師を５年間担当し、2016年同グループを定年退職。同年、株式会社オフィスソリューションを設立。特定非営利活動法人リスクセンス研究会理事、特定非営利活動法人失敗学会所属。2011年早稲田大学理工学術院創造理工学研究科修士課程（経営工学）修了。主な著書に、『事務ミスを防ぐ知恵と技術』（2009年、近代セールス社）、『事務のプロはこうして育てる』（2013年、近代セールス社）、『KINZAIファイナンシャル・プラン』にて『FPのためのリスクセンスアップ講座』を連載（2015年～2016年・全12回、金融財政事情研究会）、『リスクセンス検定オフィスワーク編』（共著・2016年、化学工業日報社）。https://www.office-sol.com/

佐貫　総一郎（さぬき　そういちろう）**【序章、第１～５章担当】**
オール・アセット・アンカー株式会社　代表取締役
1958年生まれ、東京都出身。1981年慶應義塾大学経済学部卒業後、三菱信託銀行（現・三菱UFJ信託銀行）入社。個人財務、証券・年金、相続などの業務を担当後、支店次長、事務研修の統括役、財形事務センター長などを歴任。ライフプランセミナー講師を務めたのち、2017年同社退職。オール・アセット・アンカー株式会社を設立し現在に至る。企業向けのセミナーなどで活動中。社会保険労務士、１級ファイナンシャル・プランニング技能士（国家資格）、２級キャリア・コンサルティング技能士（国家資格）、産業カウンセラー、メンタルヘルス・マネジメントⅠ種（マスターコース）などの資格を保有。『KINZAIファイナンシャル・プラン』にて『FPが定年前の人に聞かれるコト　教えたいコト』を連載（2017年～2018年・全18回、金融財政事情研究会）。

目　次

第６章　生産性向上と業務改善

コラム

序　章

働き方改革で必要なこと

1 働き方改革と向き合うために必要な知識

1 働き方改革とは

(1) なぜ働き方改革が始まったのか

いまあらゆる場面で使われる「働き方改革」という言葉の発端は、政策の１つです。では、この「働き方改革」はどのような政策なのでしょうか。

2012年12月26日に第２次安倍内閣が発足し、アベノミクス第２ステージにおける少子高齢化を克服するための目標として「一億総活躍社会」が設定され、「働き方改革」へとつながっていきました。首相官邸ウェブサイト「一億総活躍社会とは」によると、一億総活躍社会とは以下の社会・システムであるとしています。

- ➢ 若者も高齢者も、女性も男性も、障害や難病のある方々も、一度失敗を経験した人も、みんなが包摂され活躍できる社会
- ➢ 一人ひとりが、個性と多様性を尊重され、家庭で、地域で、職場で、それぞれの希望がかない、それぞれの能力を発揮でき、それぞれが生きがいを感じることができる社会
- ➢ 強い経済の実現に向けた取組を通じて得られる成長の果実によって、子育て支援や社会保障の基盤を強化し、それが更に経済を強くするという『成長と分配の好循環』を生み出していく新たな経済社会システム

「働き方改革」は、このような流れを受け、2016年６月に閣議決定された「ニッポン一億総活躍プラン」のなかで「最大のチャレンジ」として位置づけられたものです。

2016年８月、政府は「働き方改革」の具体的な実行計画を取りまとめるため、「働き方改革実現会議」を立ち上げました。ここでは、同一労働同一賃金などについて議論され、2017年３月に「働き方改革実行計画」が会議内で決定されました。ここでの議論の内容が法案へとつながっていきました。

図表０－１　安倍政権での取組み

2012年12月	アベノミクス 第１ステージ	３本の矢 ① 大胆な金融政策 ② 機動的な財政政策 ③ 民間投資を喚起する成長戦略
2015年10月	アベノミクス 第２ステージ	新３本の矢 ① 希望を生み出す経済：名目GDP600兆円（戦後最大） ② 夢をつむぐ子育て支援：結婚や出産等の希望が満たされることにより希望出生率1.8がかなう社会の実現 ③ 安心につながる社会保障：介護離職をゼロに
2015年10月～ 2016年８月	一億総活躍 国民会議	ニッポン一億総活躍プランの閣議決定
2016年８月～ 2017年３月	働き方改革 実現会議	働き方改革　実行計画 「アクションプラン　９つのテーマと19の対応策」
2018年６月	働き方改革 関連法	＜主な内容＞ ・時間外労働規制（過重労働の回避・残業時間の制限） ・同一労働同一賃金（パートタイム労働法・労働者派遣法もセット） ・高度プロフェッショナル制度

この間、広告大手企業の新入社員の過労自殺事件など、過重労働による問題が大きくクローズアップされ、この実現会議でも「長時間労働の是正」として取り上げられるなど、「働き方改革実行計画」にも影響を与えました（図表０－１）。

⑵ 実現会議で決まったこと～９つのテーマと19の対応策（図表０－２）

「働き改革実行計画」では、働き方改革を実現するための課題を「処遇の改善（賃金など）」「制約の克服（時間・場所など）」「キャリアの構築」という３つの視点から洗い出し、９つの検討テーマと19の対応策に整理されました。

この９つのテーマと19の対応策の推進に伴い、自身の会社はどう対応し、自身の職場の状況や課題がどう変わるのか想像すると、働く場所と時間・勤務態様の変化、現場の人事管理の変化、給与や評価制度などの改正、自己啓発の位置づけ、再雇用（あるいは定年延長）後の高齢者の役割などいろいろと変化が起きる可能性が思い浮かぶでしょう。

図表０－２　「働き方改革実行計画」：９つのテーマと19の対応策

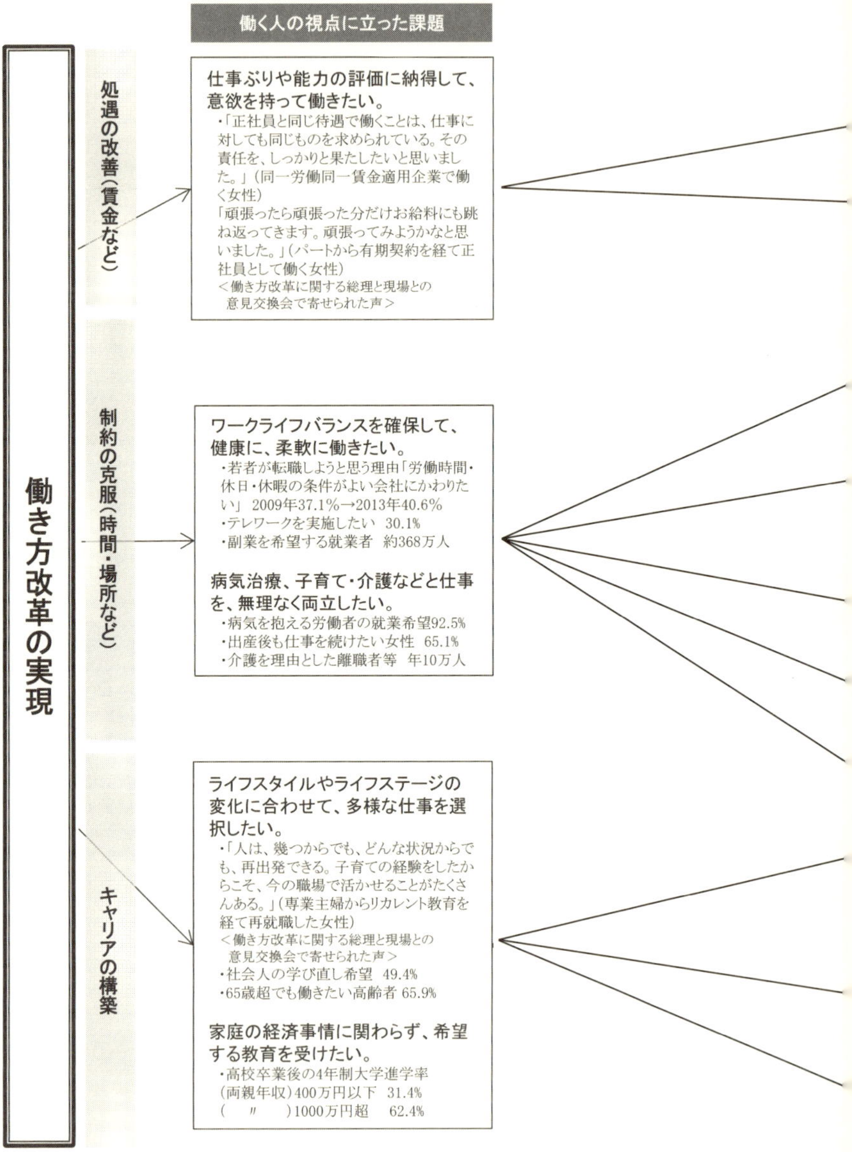
働く人の視点に立った課題
働き方改革の実現
処遇の改善（賃金など）
仕事ぶりや能力の評価に納得して、意欲を持って働きたい。
・「正社員と同じ待遇で働くことは、仕事に対しても同じものを求められている。その責任を、しっかりと果たしたいと思いました。」（同一労働同一賃金適用企業で働く女性）
「頑張ったら頑張った分だけお給料にも跳ね返ってきます。頑張ってみようかなと思いました。」（パートから有期契約を経て正社員として働く女性）
＜働き方改革に関する総理と現場との意見交換会で寄せられた声＞
制約の克服（時間・場所など）
ワークライフバランスを確保して、健康に、柔軟に働きたい。
・若者が転職しようと思う理由「労働時間・休日・休暇の条件がよい会社にかわりたい」 2009年37.1％→2013年40.6％
・テレワークを実施したい 30.1％
・副業を希望する就業者 約368万人
病気治療、子育て・介護などと仕事を、無理なく両立したい。
・病気を抱える労働者の就業希望92.5％
・出産後も仕事を続けたい女性 65.1％
・介護を理由とした離職者等 年10万人
キャリアの構築
ライフスタイルやライフステージの変化に合わせて、多様な仕事を選択したい。
・「人は、幾つからでも、どんな状況からでも、再出発できる。子育ての経験をしたからこそ、今の職場で活かせることがたくさんある。」（専業主婦からリカレント教育を経て再就職した女性）
＜働き方改革に関する総理と現場との意見交換会で寄せられた声＞
・社会人の学び直し希望 49.4％
・65歳超でも働きたい高齢者 65.9％
家庭の経済事情に関わらず、希望する教育を受けたい。
・高校卒業後の4年制大学進学率
（両親年収）400万円以下 31.4％
（　〃　）1000万円超 62.4％

（出所）　首相官邸ウェブサイト「働き方改革の実現」働き方改革実行計画（工程表）
https://www.kantei.go.jp/jp/headline/pdf/20170328/02.pdf

検討テーマと現状

1. 非正規雇用の処遇改善
・正社員以外への能力開発機会　計画的なOJT30.2%(正社員58.9%)、Off-JT 36.6%(正社員72.0%)
・不本意非正規雇用労働者　296万人(15.6%)

2. 賃金引上げと労働生産性向上
・賃上げ率　2010-2012年平均1.70% → 2013年1.71% → 2014年2.07% → 2015年2.20% → 2016年2.00%

3. 長時間労働の是正
・週労働60時間以上労働者7.7%(30代男性14.7%)
・80時間超の特別延長時間を設定する36協定締結事業場　4.8%(大企業14.6%)
・時間外労働が必要な理由「顧客からの不規則な要望に対応する必要があるため」44.5%(最多)

4. 柔軟な働き方がしやすい環境整備
・テレワークを導入していない企業　83.8%
・国内クラウドソーシング市場規模
2013年215億円→2014年408億円→2015年650億円
・副業を認めていない企業　85.3%

5. 病気の治療、子育て・介護等と仕事の両立、障害者就労の推進
・がんと診断された後無職になった　29%
・妊娠・出産等で、仕事を続けたかったが、育児との両立の難しさで退職　25.2%
・介護休業取得者がいた事業所　1.3%
・障害者雇用義務のある企業が、障害者を雇用していない割合　約3割

6. 外国人材の受入れ

7. 女性・若者が活躍しやすい環境整備
・結婚等で退職した正社員女性の再就職
〈雇用形態別〉(正規)12%(非正規)88%
・退職社員の復職制度がある企業　12%
・就職氷河期世代(30代後半-40代前半)の完全失業者＋非労働力人口　42万人
・若年(15-34歳)無業者　57万人

8. 雇用吸収力の高い産業への転職・再就職支援、人材育成、格差を固定化させない教育の充実
・企業の中高年の採用意欲〈採用実績別〉
(実績あり)66.1%　(実績なし)34.9%
・社会人学生　2.5%(OECD平均16.7%)
・学生生活費の月額平均
(国立自宅)9.4万円　(私立下宿)17.3万円

9. 高齢者の就業促進
・65歳以上の就業率　22.3%

対応策

①同一労働同一賃金の実効性を確保する法制度とガイドラインの整備
②非正規雇用労働者の正社員化などキャリアアップの推進
③企業への賃上げの働きかけや取引条件改善・生産性向上支援など賃上げしやすい環境の整備
④法改正による時間外労働の上限規制の導入
⑤勤務間インターバル制度導入に向けた環境整備
⑥健康で働きやすい職場環境の整備
⑦雇用型テレワークのガイドライン刷新と導入支援
⑧非雇用型テレワークのガイドライン刷新と働き手への支援
⑨副業・兼業の推進に向けたガイドライン策定やモデル就業規則改定などの環境整備
⑩治療と仕事の両立に向けたトライアングル型支援などの推進
⑪子育て・介護と仕事の両立支援策の充実・活用促進
⑫障害者等の希望や能力を活かした就労支援の推進
⑬外国人材受入れの環境整備
⑭女性のリカレント教育など個人の学び直しへの支援や職業訓練などの充実
⑮パートタイム女性が就業調整を意識しない環境整備や正社員女性の復職など多様な女性活躍の推進
⑯就職氷河期世代や若者の活躍に向けた支援・環境整備の推進
⑰転職・再就職者の採用機会拡大に向けた指針策定・受入れ企業支援と職業能力・職場情報の見える化
⑱給付型奨学金の創設など誰にでもチャンスのある教育環境の整備
⑲継続雇用延長・定年延長の支援と高齢者のマッチング支援

⑶「働き方改革」で何が変わるのか～施行日まとめ

2018年６月29日、第196回通常国会において、「働き方改革を推進するための関係法律の整備に関する法律」（以下、「働き方改革関連法」といいます）が成立しました。働き方改革関連法の概要をみると、この改革の目的と主な内容を読み取ることができます。

> 労働者がそれぞれの事情に応じた多様な働き方を選択できる社会を実現する働き方改革を推進するため、時間外労働の限度時間の設定、高度な専門的知識等を要する業務に就き、かつ、一定額以上の年収を有する労働者に適用される労働時間制度の創設、短時間・有期雇用労働者及び派遣労働者と通常の労働者との間の不合理な待遇の相違の禁止、国による労働に関する施策の総合的な推進に関する基本的な方針の策定等の措置を講ずる必要がある。これが、この法律案を提出する理由である。

この法案には、⑵でみた「働き方改革実行計画」の９つのテーマと19の対応策が反映されています。厚生労働省の調査データの不備等が見つかった問題を受け、「裁量労働制の対象業務拡大」に係る部分は法案から削除されましたが、今回の労働基準法の改正は「70年ぶりの労働基準法の大改革」ともいわれ、さまざまな項目が改正されました。

適用時期は大企業・中小企業、それぞれの項目により異なりますが、早いものは2019年４月から適用されます（図表０－３）。

今回の改正は、大きく「労働時間法制の見直し」と「雇用形態に関わらない公正な待遇の確保」の２つに分けることができます。「労働時間法制の見直し」によって、働き過ぎを防ぎ働く人の健康を守り、ワーク・ライフ・バランスの実現を目指し、「雇用形態に関わらない公正な待遇の確保」によって、どのような雇用形態を選択しても「納得」できるようにすることを目指しています。

① 雇用形態にかかわらない公正な待遇の確保（同一労働同一賃金）

注目を集めている「同一労働同一賃金」に関する改正は、正社員と非正規社員の不合理な待遇差を禁止することを目的としています。現規定の「均等」（同一の労働条件等なら同一の処遇に）という考え方をさらに進め、「均等均衡」（労働条件等の違い

図表０－３　働き方改革関連法の概要

主な改正項目	主な内容	施行の時期		想定される職場への影響
		大企業	中小企業	
同一労働同一賃金（実行計画対応策①②）	❖正社員と非正規社員の不合理な待遇差の禁止 ❖派遣社員については、派遣元でなく派遣先で均衡であるか判断し、不合理があれば派遣先で解消することが必要。また、事業者は求めに応じた待遇の相違の内容と理由の説明が必要に	2020年４月	2021年４月	➢職種・評価等の人事制度の改定 ➢非正規から正規へ雇用形態変更 ➢配置人材の変更 ➢研修体系の変更
時間外労働の規制（実行計画対応策④⑥）	❖残業時間の上限（罰則付規定）の制定 ・原則 月45時間、年360時間 ・特例 年720時間以内 月100時間未満（休日労働を含む） ２～６カ月平均80時間（休日労働を含む） ・違反した場合は罰則の対象に ・事業者による労働時間の把握を義務化	2019年４月	2020年４月	➢36協定等の改定 ➢残業時間の管理の厳格化 ➢残業時間のさらなる短縮を現場に要請
勤務間インターバル制度（実行計画対応策⑤）	終業と始業の間に一定の時間を空ける制度の普及促進を事業者に要求	2019年４月		➢深夜残業の削減 ➢早朝の早出出勤についての管理強化
有給休暇の取得の義務化	10労働日以上の有給休暇がある労働者について、５日の取得を事業者に義務付け	2019年４月		➢休暇管理の厳格化 ➢配員管理の高度化
高度プロフェッショナル制度	高収入の専門性を発揮する労働者の勤務時間に縛られない働き方	2019年４月		職務範囲・職業能力の保有などのルール設定による影響など
裁量労働	企画業務型裁量労働制に問題解決型提案営業など対象拡大（当該制度の活用促進の面もあり）	見送り		自己管理能力と労働時間管理への適合性に関連する意識や能力の開発など

※「時間外労働の規制」については、経過措置により、2019年４月１日（中小企業は2020年４月１日）以後のみを定めた36協定に対して上限現制で適用されます。

に応じて不合理でない処遇にする）という考え方となりました。職務内容（業務の内容＋責任の程度をいいます）、職務内容と配置の変更範囲、その他の事情の相違を考慮して不合理な待遇差を禁止し（均衡待遇規定、パートタイム・有期雇用労働法８条）、職務内容、職務内容と配置の変更範囲が同じ場合は差別的取扱いを禁止する（均等待遇規定、同法９条）というものです。これまで、有期雇用労働者に該当する人には、この均等待遇規定がありませんでした。同一労働でも雇用形態が違うことによる処遇差は当たり前、というのはもはや許されなくなるわけです。

あわせて、労働者派遣法などもあわせて改正され、派遣労働者についても大きく変更されます。これまで、派遣労働者と派遣先労働者の待遇差については配慮義務規定のみでしたが、改正後は、「派遣先の労働者との均等・均衡待遇」「一定の要件を満たす労使協定による待遇」のいずれかを確保することが義務化されます（同法30条の３・４）。さらに、派遣先には派遣先労働者の待遇に関する派遣元への情報提供義務が新設されます（同法26条７項）。

これらの改正により、職種や評価制度など人事制度の大幅な改定が想定され、人員配置や研修体系なども変わっていくと考えられます。

② 時間外労働の上限規制

これまで、法律上は残業時間の上限がなく、行政指導のみでした。改正後は、法律で残業時間の上限を定め、これを超える残業はできなくなり、違反した場合は罰則の対象となります。

残業時間（法定外労働時間）の上限は、原則として月45時間・年360時間とし、臨時的な特別な事情がなければこれを超えることはできません。臨時的な特別の事情があって労使が合意する場合でも（62頁参照）、年720時間以内、月100時間未満休日労働を含み複数月平均80時間を超えることはできません。

また、労働安全衛生法13条の改正により、企業には、労働時間の状況を客観的に把握することが義務づけられました。これまでも、労働時間を客観的に把握することは通達により規定されていましたが、今回の改正により、対象外とされていた裁量労働制が適用される人や管理監督者も含めてすべての人の労働時間を把握することが義務づけられました。

③「勤務間インターバル制度」導入の促進

「勤務間インターバル制度」とは、１日の勤務終了後、翌日の出社までの間に一定時間以上の休息時間（インターバル）を確保する制度のことをいいます。今回、労働時間等設定改善法が改正され、この制度の普及促進を、事業者に要求しています。

深夜残業が削減されるという効果が想定されますが、早出出勤も残業として厳格に管理することが企業には求められます。

④ **有給休暇の取得の義務化**

これまで、年次有給休暇については、労働者が自ら申し出なければ、年休を取得することはできませんでした。この申出がしにくいという理由から、日本では有給休暇の取得率が低いという状況にありました。今回、労働基準法39条７項の改正により、使用者が労働者の希望を聞き、希望をふまえて時季を指定し、年５日取得させることが使用者である企業に義務づけられました。対象者は、10労働日以上の有給休暇がある労働者とされています。

休暇の取得が厳格化されることにより、よりいっそう配員管理が高度化し、管理職のマネジメント力が求められるようになるでしょう。

2 ワーク・ライフ・バランス

(1) 厚生労働白書から読み解く「ワーク・ライフ・バランス」の起点

働き方改革という言葉が聞かれる以前から、理想の働き方として「ワーク・ライフ・バランス」という言葉をよく耳にしてきたと思います。「ワーク・ライフ・バランス」とはどういうものかあらためて振り返るためには「厚生労働白書」をたどることが必要です。

厚生労働白書は２部構成であり、その第１部は毎年異なるテーマが掲載され、第２部は厚生労働行政に関する各分野の施策の動きが掲載されていますが、第１部のテーマにそのときの政策の方向性を示唆する内容が反映されています。平成29年版白書の第１部のテーマは「社会保障と経済成長」であり、「ニッポン一億総活躍プラン」に謳《うた》われる「成長と分配の好循環」への取組みや今後の社会保障に関する議論が意識されているとわかります。

さかのぼること約10年、平成18年版厚生労働白書の第１部のテーマは、「持続可能な社会保障制度と支え合いの循環―「地域」への参加と「働き方」の見直し」でした。ここで、「働き方」という言葉が白書の表題部に登場しています。「働き方改革」の萌芽《ほうが》がそこにあったかもしれません。平成18年版白書の冒頭には、川崎大臣による「刊行にあたって」の一部に以下の記載があるほか、ワーク・ライフ・バランスについての記述が多くなされています。

> 「働き方の見直し」による新たな「支え合いの循環」を将来における社会の１つの姿として示しています。

> 「働き方の見直し」には働く意欲、能力ある人が働けることと働き過ぎの人が時間を取り戻すことの２つの側面があります。働き方を経済合理性だけで語るのではなく、皆が支え合う社会に見合った働き方を考える必要があるのではないでしょうか。特に企業の経営者の皆さんには、自分の会社が自分の家族や友人の職場だとしたらどう思うかを考えていただきたいと思います。

この当時は、ワーク・ライフ・バランスという言葉がポピュラーになり始めた時期です。従前から長時間労働の改善や先進諸外国並みの有給休暇取得日数の実現といった課題が取り組まれてきました。しかし、より多様な働き方を実現できる環境づくり等を進めることが必要という認識が広がり、地域との関係を含め、「少子化対策・男女共同参画」「労働時間政策」「非正規労働者政策」など働き方の全般的な改革にかかわるキーワードになりました。

⑵ 「仕事と生活の調和（ワーク・ライフ・バランス）憲章」

2007年12月18日、関係閣僚・経済界・労働界・地方公共団体の代表者等からなる「官民トップ会議」において、「仕事と生活の調和（ワーク・ライフ・バランス）憲章」および「仕事と生活の調和推進のための行動指針」が策定されました（その後2010年６月29日に改定)。

憲章では「仕事と生活の調和が実現した社会」を以下のとおり定義しています。

> 国民一人ひとりがやりがいや充実感を感じながら働き、仕事上の責任を果たすとともに、家庭や地域生活などにおいても、子育て期、中高年期といった人生の各段階に応じて多様な生き方が選択・実現できる社会

また、「仕事と生活の調和が実現した社会の姿」に関する具体的な３つの社会を以下のとおりあげています。

> ① 就労による経済的自立が可能な社会
>
> 経済的自立を必要とする者とりわけ若者がいきいきと働くことができ、かつ、経済的に自立可能な働き方ができ、結婚や子育てに関する希望の実現などに向けて、暮らしの経済的基盤が確保できる。
>
> ② 健康で豊かな生活のための時間が確保できる社会
>
> 働く人々の健康が保持され、家族・友人などとの充実した時間、自己啓発や地域活動への参加のための時間などを持てる豊かな生活ができる。
>
> ③ 多様な働き方・生き方が選択できる社会
>
> 性や年齢などにかかわらず、誰もが自らの意欲と能力を持って様々な働き方や生き方に挑戦できる機会が提供されており、子育てや親の介護が必要な時期など個人の置かれた状況に応じて多様で柔軟な働き方が選択でき、しかも公正な処遇が確保されている。

これは、女性に対してだけではなく男性に対する差別も禁止し、性別による差別禁止範囲の拡大、間接差別の禁止などを定めた2006年の男女雇用機会均等法の改正をふまえたものでした。ワーク・ライフ・バランス憲章と行動指針が、その後の「働き方改革」の原点ともいえ、「ディーセント・ワーク（働きがいのある人間らしい仕事）」の実現といった観点にも結びついています。なお、ディーセント・ワークは、2016年７月に閣議決定された「日本再生戦略」に、⑴雇用の促進、⑵社会的保護の方策の展開及び強化、⑶社会対話の促進、⑷労働における基本的原則及び権利の尊重、促進及び実現の４つの戦略的目標を通して実現されるとして盛り込まれています。

⑶ ワーク・ライフ・バランスは働き方改革の原点

① 出産・子育てのために会社を辞めなくていい社会へ

ワーク・ライフ・バランスは、働き方改革の一部でもあり、成果として期待される状況であるとも考えられます。働き方改革実現会議などで語られていた「働く人の立場・視点に立った改革」を体現するのがワーク・ライフ・バランスといえます。

2010年６月29日、ワーク・ライフ・バランス憲章は、「ディーセント・ワーク（働きがいのある人間らしい仕事）の実現」や「仕事と生活の両立支援と男性の子育てや介護へのかかわりの促進・女性の能力発揮の促進」などの合意事項を追加し改定されました。同年は、育児・介護休業法が改正され、短時間勤務制度などの措置により、男性の育児・家事へ参画推進が図られ、国民運動として男性の育児休暇を後押しする「イクメンプロジェクト」も開始されるなど、憲章との同期がとられました。

その後、2017年にも、子の看護休暇・介護休暇の半日単位での取得や介護休業の分割取得を可能にする等に対応した、育児・介護休業法の改正が行われ、出産・育児のために会社を辞めなくていい環境や風土の醸造が進んでいます。

女性の就業率の年齢推移を表すグラフがM字カーブになる、つまり、出産・育児の年齢帯で就業率が落ち、グラフがアルファベットのMのようにみえるというのが当たり前でしたが、これもほぼ解消しつつあるといわれています。男性をも含めた産休・育休にあたっての職場での体制づくりなどが当たり前になった結果でしょう。

② 有給休暇の取得はワーク・ライフ・バランスの第一歩

ワーク・ライフ・バランスでもう１つ重要な視点が「有給休暇の取得」です。万一のためにキープするのではなく、ワーク・ライフ・バランスを念頭に当たり前に取得する感覚をもつことが望ましいでしょう。しかし、取得率があがっているとはいえ、有給休暇の取得は職場の風土改善が必要となるものであり、この感覚が定着するにはもう少し時間がかかるといわれています。

有給休暇取得の障害になっていた壁を崩すことが休むことに罪悪感をもつのではなく、しっかり休むことが働き方の向上につながるという考えが職場の常識となり、働き方改革は有給休暇取得を後押しするパワーにもなるはずです。

③ ワーク・ライフ・バランスはON/OFF論？

もともと、「ワーク・ライフ・バランス」は仕事と生活の共存・調和という概念であり、仕事と生活を対立軸でとらえるものではありません。しかし、ワーク・ライフ・バランスの問題として取り上げられるテーマは、過重労働や介護問題や休暇取得促進など、いわゆるON／OFF論的なものが多かったと思います。介護離職など、まだワークとライフに優先順位をつけることを強いられていた面があったからかもしれません。また、この「バランス」という言葉が「ライフ」と「ワーク」を天びんにかけるイメージに結びついた面もありました。

ワーク・ライフ・バランスの「調和」という概念から、「ワーク・ライフ・ハーモニー」といった感覚が必要であり、天びん論に陥らないようにする意識が不可欠です。

④ ワークとライフを統合して相乗効果を目指す

ワーク・ライフ・バランスを一歩進めた概念として「ワーク・ライフ・インテグレーション」という言葉が使われる場合があります。ワーク（職業生活）とライフ（個人生活）を柔軟に扱い、両者を統合し相乗効果により双方の充実感や満足感の求めるといった意味をもつ言葉です。

ワーク・ライフ・インテグレーションはワーク・ライフ・バランスとは対極にある言葉だという人もいます。ワーク・ライフ・バランスでは時間のシェアリングといった問題がテーマになる半面、ワーク・ライフ・インテグレーションはテレワークによるライフとワークの場所を同一化（統合）するといった問題がテーマだという人もいます。しかし、前述のとおり、ワーク・ライフ・バランスの概念は調和であり、大きな概念としてのワーク・ライフ・インテグレーションです。人生観・価値観が問われ、幸福感や充実感を見据えるという前提は両者とも同様です。両者の概念のなかで模索された方法論にとらわれず、調和や統合という概念を前提に、ワーク・ライフ・インテグレーションがワーク・ライフ・バランスの本来の概念を受け継ぎ、さらに働き方改革もふまえて進化・昇華する概念として認知されるべきです。

3 働き方改革と「生産性革命」

(1) 生産性向上と人の役割

2013年から、政府は「日本再興戦略」（2017年からは「未来投資戦略」）と名づけた戦略を公表しています。毎年改定し、2015年からは、AI（人工知能）やロボット技術などを軸とする第４次産業革命の進展のなかで働き手に求めるスキルや業務の創造、「生産性・イノベーション力の向上につながる働き方の促進」といった働き方・生産性に関する視点へと変わっていきました。

現場における「働き方改革」を考える際にも、このような変革ステージへの移行を念頭に置くことが必要ですが、第４次産業革命的な要素への投資のみが解決策ではないはずです。RPA（ロボティック・プロセス・オートメーション）の導入、AI化への道も、人の経験や知恵を移行するという面があり、仕事を知っている人にしかその対応はできません。人にしかできない仕事は存在し続け、このイノベーションで新たに人が必要になる領域も出てくると考えられています。そのための能力開発が必要なのはいうまでもなく、生産性向上は、人との関連のなかで総合的に実現されるものでしょう。

また、どんなにイノベーションが進んでも、ヒューマンエラーが発生する余地は残ります。そのヒューマンエラーをどう回避するのかは、さらに高度な領域の大きな課題にもなるはずです。

⑵ 未来投資戦略と働き方～金融機関に求められる変革

未来投資戦略（日本再興戦略）等では、金融や金融機関の変革の必要性といった要素が多く登場します。自分が所属している企業等が求められている内容は、仕事そのものに影響を及ぼしますので、働き方・生産性などを考えるうえでも、知っておくべきでしょう。

金融機関には、FinTechの活用や装置産業化を進めるとともに、それらを用いた情報連携等の迅速化・綿密化・安価化などを急げといったことが求められています。「未来投資戦略2017」に掲げられているKPI（数値目標）の１つである「80行程度以上の銀行におけるオープンAPI（Application Programming Interface）の導入」がその代表例です。

大手銀行では採用人数を大幅に減らすという報道がされおり、その背景として業務の効率化などを進めるといった理由が語られています。革命的な仕組みの変化が金融機関そのもののありようまで変え、その変化に適応した金融機関のみが生き残るのみならず、場合によっては、銀行という業種自体なくなる可能性も考えられます。所属する企業に影響する社会の変革を見据えながら、自分の「働き方」と向き合うことが必要でしょう。

2　働き方改革との向き合い方

1　働き方改革で強調されていること

「働き方改革」に関する話を聞くと、経済的利益の側面が強調されているように感じるかもしれません。しかし、働き方改革実現会議では第１回目から「働く人の立場・視点で」という言葉が使われ続けてきました。「働き方改革実行計画（図表０－２)」の冒頭の表題も「１．働く人の視点に立った働き方改革の意義」とされているほか、厚生労働省ウェブサイトの「働き方改革」の目指すものにも以下のように記載されています。

> 「働き方改革」の目指すものは、この課題の解決のため、働く方の置かれた個々の事情に応じ、多様な働き方を選択できる社会を実現し、働く方一人ひとりがより良い将来の展望を持てるようにすることを目指しています。

このように、実行計画をはじめとした国による政策は、経済的な好循環だけを目的にしているのではなく、「個人」の働くことに関する問題を解決しようという視点をもっています。社会や地域、生活の場である家庭まで含めた好循環を目指すものであ

図表０－４　働き方改革の効果

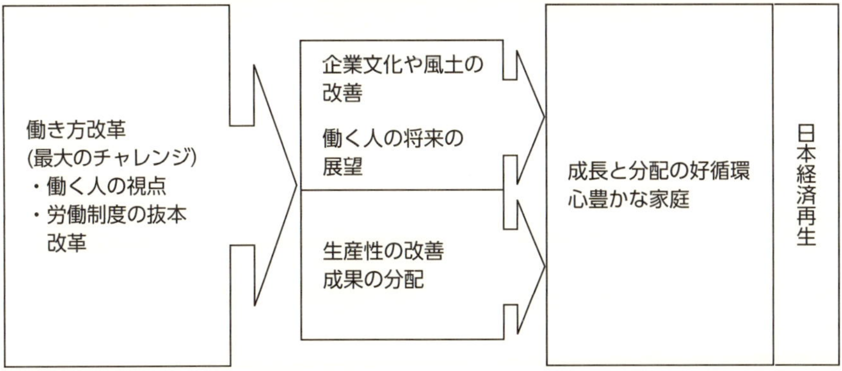

り、国・企業・個人の「三方よし」を目指しているともいえるでしょう。しかしながら、実際の「働き方改革」に対してもたれるイメージは、必ずしも「三方よし」ではないような気がします。その状況を良い方向に導くのは、企業や私たち一人ひとりの主体性です（図表０－４）。

2 トップダウンとボトムアップの両輪が必要

(1)「悪い働き方改革」にみる、トップダウンだけでは不十分な理由

短視眼的に「働き方改革実行計画」のアクションプログラムに沿って施策を行うと「“悪い”働き方改革」になるのは明白です。国は工程表などでしっかり管理しようとしていますが、国レベルの取組みや法令改正にスポットが当たりすぎることで、企業のなかでは政策に関するアクションの実行に追われ、目的化するおそれがあります。

また、企業が働き方改革の成果をアピールすることに熱心なあまり、人事・労務部門のアクションプランが従業員に押し付けられるなど、いわば「働かせ方」改革に陥るリスクもあります。ここでは、取組み方次第では逆効果となる悪い例をあげ、その原因を考えてみます。

① 残業削減目標のみ設定

> 水曜日は定時退社をしなければならないと決まった。定時には消灯することが徹底された。さらに、残業削減目標が設定された。すると、みんな仕事を持ち帰るようになった。

業務に関する見直しの対応がなければ、仕事にかかる時間はもちろん短縮されません。ほかにも、環境の整備、従業員間の理解などの諸対応がなく数値目標を設けるだけであれば、本来の目的の１つである個人の好循環は達成されません。

② 効率化重視の人材育成

> とにかく、それぞれの得意分野に特化して、短時間で成果を出すことを追求したら、人材育成が進まなくなった。担当者が担当できる業務の幅を広げることができず、組織として繁忙への対応力がなくなり、繁忙時にミスやクレームが発生した。

人材をスペシャリストにすることで、各業務にかかる時間の短縮やコスト削減などの成果は出るかもしれません。しかし、人材育成は長期にわたる取組みが必要であり、体制変更によるデメリットのリカバリーは一朝一夕にはできません。

③ 準備不足のテレワーク導入

> 子育て中の企画業務担当者が、週２回、テレワークを行うことになった。勤務報告のルールも作成し、業務進行状況をメール交換で実施することにしていたが形骸化してしまった。すると、上司が伝えるべきことを伝えていなかったことにより、担当者の業務に手戻りが生じた。

テレワーク制度の導入は、家庭の好循環をもたらす効果が期待されます。しかし、新しい取組みを行っていることを外へアピールしたいという思いが先走り、ルールが脆弱《ぜいじゃく》のままスタートしてしまうと、逆効果となる可能性があるでしょう。

④ 人事評価制度を変更しない

> 改革の実施で残業時間が減った。残業代がなくなり、「年収が下がっただけ」とのとらえ方をした従業員のモチベーションが低下した。

モチベーションの低下は生産性を悪化させます。そして、離職率の上昇という企業にとって大きな非効率要素をもたらします。残業削減による成果の分配や評価への反映といった方策が必要です。

⑤ サービスレベルを下げることによる効率化

> 顧客訪問回数を一律に減らし、商品販売のクロージングを急ぐなど、サービスレベルカットで効率化を実施した。すると、得意先からの不満が発生し、業績自体が低下した。

顧客と接している現場の者にとって、デメリットを顧客に強いることは精神的にも厳しいものです。顧客が離れていくことと天びんにかけた場合、どちらが良いのか、慎重に考えるべきでしょう。一律的なサービスレベルのカットというイメージでなく、対顧アプローチ・説明ツールの工夫も必要です。

これらは一例ですが、「働き方改革」の成果をトップダウンで求めるようなケースに起きがちな事象ではないでしょうか。何かを変える際に大切なことは、「働く人の視点に立つ」ことです。対象者とルールを設定し、的確な運用を実施する、しっかりと業務分析をし、対策の選択と集中を行う、そして、決まったことの周知は徹底し、成果配分のルールを設ける、といった的確な対応を検討し実施することが肝要です。

⑵ トップダウンとボトムアップの両方が必要

企業・個人とも、働き方改革への取組姿勢は、まだら模様にみえます。国の政策をしっかり受け止めて対応する企業や個人がいる一方、「範囲や取組みの限定化」「主体性の欠如」といった問題から、“やらされ感”のなかで取組みを行うケースもあります。

国（「働き方改革」について法令を変更し、取組みの指導等を行う）⇒企業（社内のルールや人事制度を変更し社員に「働き方改革」を要請する）⇒個人（変更されたルールや取組みの指示により早帰りなどを励行する）、というように「上からの」要請からは、「いわれた範囲のことをやればいい」といった感覚が定着してしまいます。では、取組姿勢として、トップダウンとボトムアップのどちらが良いのでしょうか。

① トップダウンは必要

トップダウンは、経営方針をもとに展開する「上からの指示」による取組みです。迅速な意思決定や資源の確保、強力な推進力というメリットがあります。

「働き方改革」は企業の本気度が問われるといわれています。企業の寿命も人間と同じく、大体100年ともいわれていますが、「働き方改革」は企業の寿命を延ばすものであり、人間でいえば運動習慣です。あえて習慣という言葉を使ったように、「働き方改革」も持続可能（サステイナブル）でなくてはならないでしょう。そういう意味では、「働き方改革」の取組みは広範かつロングランになります。

トップダウンのメリットをふまえ、経営層や本部が行うべきこととしては、以下の事項があげられます。

① 範囲の決定
② 優先づけ
③ 計画（大枠のスケジュール）の作成
④ 到達基準の明確化
⑤ 果実の分配の整理

また、トップは、その先に従業員の幸せがある暗い道に灯をともすような感覚で指針を示すべきでしょう。法令に基づく対応を含めて、働き方改革は当たり前の対応と認識しているかもしれませんが、その方法論やレベル感は企業により違ってしかるべきものです。経営層が成果を急ぎトップダウンが強過ぎてしまうと、押し付け、やらされ感といったネガティブな雰囲気が広がる可能性があります。ある程度の自由度と現場の意見などの吸上げが必要でしょう。もちろん現場の行き過ぎを防ぐためにPDCAプロセスの確保などのフォローも必要です。「やり損」と従業員が思わないような、取組みに報いる制度も不可欠です。現場での取組みを長期にわたって持続させるためには、ある程度自由度を与え、過程を否定せず見守り、結果を正当に評価する態勢が求められるでしょう。

② 主体的なボトムアップが推進力になる

ボトムアップは、現場などからの提案や積上げによる対応です。現場のパワーによる裾野の広い取組みになります。

「働き方改革」は私たち「働く人」自身のためのものでもあり、働き方改革の本当の実現にはボトムアップが必要なことは明白です。一人ひとりの主体的取組みが不可欠です。

もし、所属する企業の取組みが、あまりに野放図だったら、やる気が起きないかもしれません。一人の者がトップに意見をし、変えさせることはむずかしいこともあるでしょう。できることを見つけて取り組み、成果を周囲にみせることから試してみてはどうでしょうか。自主的な取組みの成果に対して評価されることを期待したいところですが、もし期待が外れたとしても自分の働き方に改善をもたらすことができたのであれば、それは個人の好循環をもたらすはずです。

③ トップダウンとボトムアップの両立が相乗効果をもたらす

従業員の幸福を意識したトップダウンの意思とボトムアップの行動の積重ねを両立できることが理想でしょう。「働き方改革」の目的化を避けられる可能性も高まります。

経営層が具体的なプランで本気度を示し、現場にいる人が主体的で積極的な取組みによって本気度を示すことで、相乗効果が起きるはずです。

「働き方改革」の好事例として紹介される例は、そのようなトップダウンとボトムアップの相乗効果と組織活性化が実現されたことでの成果が大きいはずです。

3 現場で働き方改革を進めるための「6つの視点」

1 必要なリテラシーと段階的な取組み

現場レベルでもしっかり考え「働き方改革」を進めるためには、働き方改革に関する知識・意識と組織としての共通認識が欠かせません。いわば「働き方改革リテラシー（知識や行動力）」ともいうべき以下のようなリテラシーを武器にして改革に臨むことが必要です。

① 自身や他人の人生やライフプランをふまえて考えることができる
② 労働法規を理解し、遵守・活用できる
③ 組織を適切に運営し活力を引き出せる
④ 良好な環境やコミュニケーションの維持に対するマインドがある
⑤ 好奇心や向上心をもち自己を高めることに前向きになれる
⑥ ネック・トラブル発生源を察知する力、改善へ前向きに取り組める

さらに、やみくもに取組みを進めるのではなく、プロセスとして各ステップがあることを意識することが大切です。

① 納得感をもつ段階
② 積極的・主体的・協調的に取り組む段階
③ 成果を共有・シェアする段階
④ 好循環を定着させる段階

前項での悪い例にも、このステップへの意識の希薄さが失敗を招いている例もあります（図表０－５）。

図表０－５　現場の働き方改革のステップ

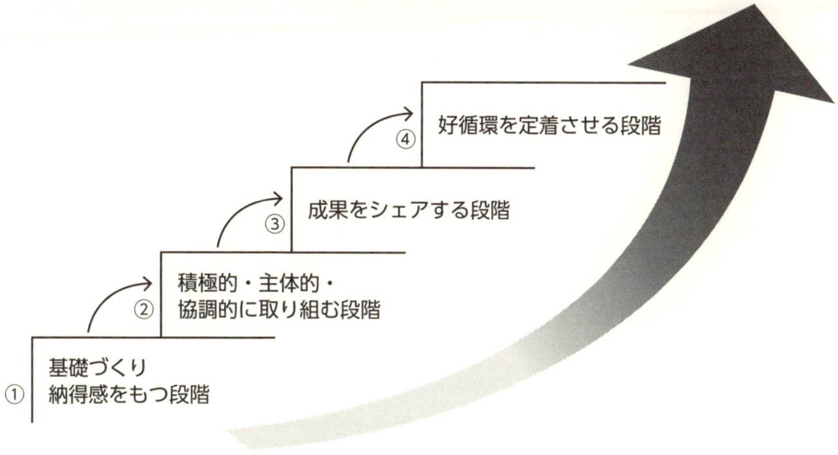

2　6つの視点と本書の流れ

「働き方改革」は広範にわたるものであり、問題点そして解決のための課題を洗い出すにあたってもどのような切り口で深掘りしていくか悩ましいことでしょう。また、現場で何か取り組もうと意志が固まったとしても、目につくところから取り組むようではバランスを欠いたものになってしまいます。

課題の洗出しやアクションプランを考えるにあたっては、前述の働き方改革に関するリテラシーとも符合する次の「6つの領域」を切り口として検討するとよいでしょう。

1 ライフプラン
2 人事制度
3 組織運営
4 職場環境・健康管理
5 能力開発
6 生産性向上と業務改善

これは、「企業で働く」際に問題となる事柄からのセグメンテーションであり、１つでも欠けることがあれば、各従業員が実感できる「働き方改革」の実現はむずかしいでしょう。

図表０－６は、「働き方改革の実行計画の９つのテーマと19の対応策」とこの６つの領域を私なりに対応させてみたものです。なお、本書では、６つの領域について各章に分けて記載しますが、この表の各項目が幾つかの領域にまたがるように、各章に記載する事項は相互に関連する事項や明確に区分できないものもありえます。

たとえば、「残業」という１つの問題においても、法令知識やマネジメント、改善のノウハウ、心のもちようなど、さまざまな要素が絡み合っています。それぞれの視点が重なり合う状態です。６つの領域から検討することで、問題を分解することができ、実効的な解決策を導き出すことができます。

各領域に記載された事項は、それぞれの領域の特性といった面もあり、知識・情報中心のものもあれば、考え方や事例紹介といったものもあります。また、それぞれの章に記載した論点等に網羅性があるわけではありませんので、チェックリストというより働き方改革を意識した取組みを行う際の確認事項やヒントとして用いることお勧

図表０－６　９つのテーマと19の対応策と６つの視点

９つのテーマ	19の対応策	1ライフプラン	2人事制度	3組織運営	4職場環境健康管理	5能力開発	6業務改善
１．非正規雇用の処遇改善	① 同一労働同一賃金の実効性を確保する法制度とガイドラインの整備		○	○		○	
	② 非正規雇用労働者の正社員化などキャリアアップの推進		○	○		○	
２．賃金引上げと労働生産性向上	③ 企業への賃上げの働きかけや取引条件改善・生産性向上支援など賃上げしやすい環境の整備		○	○	○		○
３．長時間労働の是正	④ 法改正による時間外労働の上限規制の導入		○	○	○		
	⑤ 勤務間インターバル制度導入に向けた環境整備		○	○	○		

	⑥ 健康で働きやすい職場環境の整備		○	○	○		○
4．柔軟な働き方がしやすい環境整備	⑦ 雇用型テレワークのガイドライン刷新と導入支援	○	○	○	○		○
	⑧ 非雇用型テレワークのガイドライン刷新と働き手への支援	○				○	
	⑨ 副業・兼業の推進に向けたガイドライン策定やモデル就業規則改定などの環境整備	○	○	○		○	
5．病気の治療、子育て・介護等と仕事の両立、障害者就労の推進	⑩ 治療と仕事の両立に向けたトライアングル型支援などの推進	○	○	○			
	⑪ 子育て・介護と仕事の両立支援策の充実・活用促進	○	○	○		○	
	⑫ 障害者等の希望や能力を活かした就労支援の推進	○	○	○		○	
6．外国人材の受入れ	⑬ 外国人材受入れの環境整備		○	○	○		
7．女性・若者が活躍しやすい環境整備	⑮ パートタイム女性が就業調整を意識しない環境整備や正社員女性の復職など多様な女性活躍の推進	○	○	○		○	
	⑯ 就職氷河期世代や若者の活躍に向けた支援・環境整備の推進		○	○	○	○	
8．雇用吸収力の高い産業への転職・再就職支援、人材育成、格差を固定化させない教育の充実	⑭ 女性のリカレント教育など個人の学び直しへの支援や職業訓練などの充実	○	○	○		○	
	⑰ 転職・再就職者の採用機会拡大に向けた指針策定・受入れ企業支援と職業能力・職場情報の見える化		○	○	○	○	
	⑱ 給付型奨学金の創設などだれにでもチャンスのある教育環境の整備	○	○	○		○	
9．高齢者の就業促進	⑲ 継続雇用延長・定年延長の支援と高齢者のマッチング支援	○	○	○	○	○	

※⑭について、テーマ7．8．の両方にまたがる対応策とされているため、順序を入れ替えて表記。

図表０－７　働き方改革のための６つの領域

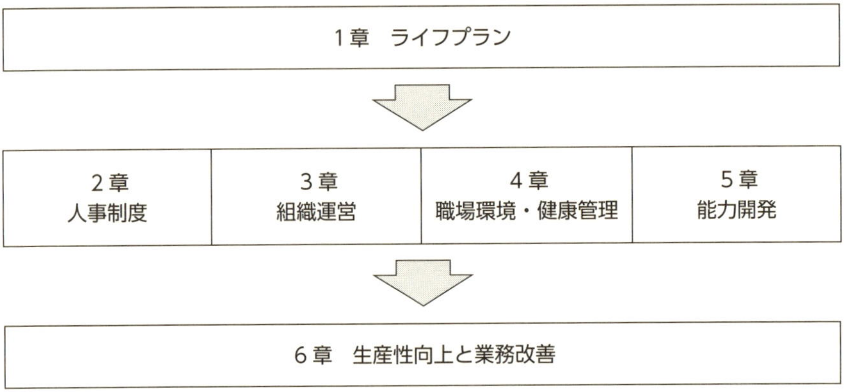

めします。

なお、６つの領域について図表０－７のような流れで記載しています。

働く人それぞれのライフプランが基本になり、会社の人事制度・組織運営・職場環境・能力開発の改革が一体となって進められ、そして、それらの前提をふまえた働き方を変える改善等の方法やスキルについて考えていくという流れになります。

3　６つの視点を用いてワークエンゲイジメントを目指す

「ワークエンゲイジメント」という言葉があります。この「ワークエンゲイジメント」とは、「仕事に誇り（やりがい）をもち、仕事にエネルギーを注ぎ、仕事から活力を得ていきいきしている状態」（ユトレヒト大学のウィルマー・B・シャウフェリ教授）とされています。仕事に対して「熱意」（仕事に誇りややりがいを感じている）・「没頭」（仕事に夢中になり集中して取り組んでいる）・「活力」（仕事に積極的に取り組んでいる）がそろった状態を指します。

バーンアウト（燃え尽き症候群）との対局の概念であり、また、やらされ感や仕事を離れる恐怖感からくるワークホリックともまったく違います。ワークエンゲイジメントはまさに「働かされ感のない」働き方かもしれません。働く人の心の健康度ともいわれ、メンタルヘルス対策が目指すべき新しい方向性と注目されているようです。

私たちが仕事をするうえで大切なことは、環境等を含めてその仕事・職場で安心して働けることが土台にあることです。企業はそのような状況をつくることに腐心すべきです。また、私たち自身は職場での居心地や働きがいを自らアップさせることに前向きに取り組むべきです。ワークエンゲイジメントの状況をつくるには、企業・職場・個人が働き方を地道に考えることが基本になります。その際の視野を狭めないために、この６つの視点を意識することは有効です。

コラム 常識は変わるもの

2011年３月11日、いまでもあの日のことは映像のように頭に残っています。

発生した揺れが並でないことは都内でもすぐわかりました。無意識に「ヘルメットして！」「机の下に隠れて！」と叫んで大揺れのオフィスのなかを走っていました。

その後、テレビで津波の映像をみて、事の重大さをあらためて感じました。業務は基本的に棚上げし安全優先です。電車も止まり帰宅さえままならないなか、所属員の安否確認、本部への被害状況報告、食料の買い出し、毛布の調達などに追われました。

大震災の後で計画停電などが行われるなか、蛍光灯が半分抜かれ、冷暖房は制限されました。そして、全社的な残業の抑制が叫ばれました。想定を超えた大きなインパクトが、「変わることへの抵抗感」を簡単に取り払うと実感しました。

これを契機に多くの企業が社内の危機管理ルールを整備・周知し、危機的な事象への準備・ルール・感度は大きくアップしました。また、大きなインパクトへの対応も迅速化・的確化しました。たとえば、台風の到来時には業務の打ち切りや通勤の見合わせなどが当たり前になり、その対応も顧客から理解を得やすい状況に変わっています。まさに常識が変わったということでしょう。

ある日気づいたら「安心して働けない状況」になっていたということにならないように、変化に対する常識の変化への意識をもち続けること、一方でインパクトに対する常識の針の揺り戻し（３.11後の過剰労働への元戻りのような事象）を起こさないような努力が働き方を考える重要な要素ではないでしょうか。

第1章

ライフプラン

1 「ライフプラン」の観点をふまえてこその「働き方改革」

働き方改革の目指すところにワーク・ライフ・バランスがあるのであれば、職場を構成する従業員個々人のライフ（生活）がいままで以上にワーク（仕事）へ影響することは明白です。ライフプランとキャリアプランの両輪が明確にあってこそ、理想の働き方がみえてくるものです。

ライフプランを描けている人はどれほどいるでしょうか。人生の終着点までのライフイベントをはっきりと意識しながら働いている人は、もしかしたら少ないのかもしれません。突然、「人生の目標は何？」と聞かれても、はっきり答えられないことも多いと思います。しかし、目標や目的があるからこそ道はみえてくるものです。まずはライフプランニングから始めると、目標がはっきりし、どのように働いていきたいかという具体的なプランがみえてくるはずです。

ファイナンシャル・プランナー（FP）は個人や法人の資産に関するコンサルティングを行う職業ですが、この資格試験の内容には、「ライフプランニング」という分野が設けられています。ライフイベント表をつくり、そのイベント表を参考にしながら、資金計画を練っていきます。この手法こそ、自分自身の働き方を考えるにあたって活用できるものといえます。

金融機関に勤務している人はすでにFPの資格を取得していることが多いでしょう。資格取得のために学んだことやお客さまへ実践していることを、あらためて自身について行えばよいのです。ライフプランニングは、次節に記述したようなライフステージの変化やライフイベントを考えるところから始めます。住宅の購入や子ども進学などに基づき、どのタイミングでどれだけ収入を得たいかなども考えるとキャリアプランや今後の働き方もみえてきます。また、自身のライフプランを考えることが、個々人の事情が違うとことの再認識や相互理解にもつながります。

さらに、部下・後輩に対するライフプランニングの支援も可能になります。ただし、部下・後輩の具体的な資産の額を聞き出すことはプライベートに入り込み過ぎることになるので、あくまで職場の人との意識をもって接しなければならず、注意が必要です。

図表1－1　本書におけるライフプランニングから働き方を考えるステップ

年齢を目安にした理想のライフステージをイメージする

↓

自分が思い描く理想のライフイベントを並べてみる

↓

それぞれのステージ・ライフイベントで必要な資金の目安を試算してみる

↓

それぞれのステージで必要な収入額を試算してみる

↓

それぞれのステージで必要な収入額とキャリアプランを照らし合わせてみる

↓

キャリアプランから今後の働き方をイメージする

2　ライフプランニングの基礎知識

1　ライフステージで変化する人生〜年齢でのマイルストーン

ライフプランを考えるうえで、人間の成長過程や現在の社会的な制度などをふまえた「年齢」による節目を意識する必要があると思います。心理学やキャリアデザインの世界にも、トランジション（節目・転機）という言葉があります。人によって差はあるにせよ、「30になったから考えないと」「40になったから……」「50になったから……」と考える人は多いのではないでしょうか。年齢以外にも、社会保障制度といったマイルストーンとなるイベントはいろいろありますが、年齢とリンクするものを中心に整理します。ここでは、最終学歴が大学卒で、22歳なる年に会社に入社した人をモデルとして考えていきます。

なお、社会保障制度や税制等は、今後も見直されていくものと思われますので、公的年金の支給開始年齢の引上げなども想定しながらライフプランを検討することが望ましいでしょう。

① 25歳（入社３年目）

石の上にも３年という言葉がありますが、人間の脳の構造からも１つのことをものにするのに1000日くらい必要といわれています。多少変化はありますが、就職後３年の離職率が、中学卒７割・高校卒５割・大学卒３割であることを753現象ともいいます。このような統計が出るのも３年目が節目である証左ではないでしょうか。生活のリズムをつくり学生気分から抜けられるかといった、社会人としての１つの壁がこの時期にあるということでしょう。人の発達過程でいう「成人前期」における自立の遅れがある可能性もあり、メンタル面も含めたケアが必要な場合もあります。

また、多くの企業の退職金制度では支給要件を「３年以上在籍」としているため、「もらえるなら３年経つまで続けよう」と考える人もいるでしょう。

② 30歳

大学卒の公務員等試験の受験資格の多くは30歳までです。最後にチャレンジをする人やチャレンジを考えていた社員が目標を切り替えることもあるでしょう。また、公的年金の支給要件が加入期間25年から10年に短縮されたため、ちょうどこの時期に支給要件を満たすことが節目と考えさせる可能性もあります。なお、この時期に支給要件を満たすには、20歳から保険料納付をしているか、学生納付特例制度を利用していることが前提となります。

③ 40歳～40歳半ば

人間の発達過程でも、人生のちょうど半ば「人生の正午」に当たる時期です。会社でも管理職登用が始まることが多い時期であり、両親の年齢的な問題など、その後の人生を左右する要因が出てきます。

それまでの人生で得たものをふまえ、以降の人生をどう生きるのかなどを考えざるをえない時期ともいえます。私はこの時期を「観覧車に乗っててっぺんにたどり着いた状態」と表現しています。それまでがむしゃらに上を向いてやってきて、気がついたら目の前がぱっと開けてみえる、そして下がり始めたらそのスピードが速くて怖くなるといった感覚になります。

社会保障制度でも、会社員であれば40歳からは介護保険の第２号被保険者として保険料を払うようになります。急に介護という問題が身近に感じる頃といえます。

④ 50歳前後

老眼など体の変調も顕著になり、「いままでのような仕事のやり方ではいけないのでは」といった不安も表れやすい年齢です。会社によっては、関連会社への転籍などが始まり、役職定年など仕事での転機が目の前に迫ってくるように感じるでしょう。

会社の退職金制度にもよりますが、60歳からDC（確定給付企業年金）の年金給付を受けるためには、加入期間が10年あることが要件であるため、60歳から受給するにはここが最後の加入タイミングにもなります。また、積立てなど老後を見据えた貯蓄の計画も、遅くともこの時期から意識しておく必要があるでしょう。

⑤ 60歳

還暦といわれる年齢です。多くの企業が60歳定年制を採用していますが、高年齢者雇用安定法によって事業主へ原則65歳までの雇用確保が義務づけられたこともあり、再雇用制度や継続雇用制度に基づく人生の選択を迫られる時期です。なお、60歳定年到達者の８割超が継続雇用されています。

公的年金の支給開始年齢の引上げが行われていますので、60歳で退職するならば特に年金支給開始までの資金計画をしっかりつくらなければなりません。条件を満たせば公的年金の繰上げ支給の選択肢もある年齢です。なお、公的年金の受給には税金がかかりますが、65歳未満の場合は公的年金等控除額（非課税部分に相当）が65歳以上の場合よりも金額は低くなります。

また、最近は再雇用制度などを用いて働き続ける人が多くいます。再雇用・継続雇用後の給与水準の変化は大きい場合が多く、雇用保険制度の１つである高年齢雇用継続基本給付金の支給を念頭に、月次給与を再雇用・継続雇用前の５～６割程度とする企業が多いと思われます。

⑥ 65歳

事業主には従業員を65歳まで雇用する義務があるため、再雇用あるいは継続雇用を65歳までとするところが大勢です。厚生労働省の「平成29年「高年齢者の雇用状況」集計結果」によると、70歳まで働ける企業は２割強ありますが、働く人の多くにとってはこの65歳のタイミングが大きな転機になります。

なお、法改正により65歳以降も雇用保険の新規加入が可能になり、65歳以上への定年延長や定年の廃止をする企業も増えています。同集計の毎年の記載をみると、2015年からは「年齢にかかわりなく働き続ける……」という表現があり、生涯現役が意識されていることがわかります。

2018年10月に行われた政府の未来投資会議でも、70歳までの雇用確保を目指すという方向性が示されています。

また、現行では、公的年金の支給開始年齢（原則）でもあります。

⑦ 70歳

東京都では都営交通のシルバーパスの配布対象となる年齢です。給与所得者を続けていれば、厚生年金の加入も70歳になる前までとなります。また、健康保険自己負担率がこの年から軽減されます。なお、一般所得者レベルの収入額がある場合は、自己負担率は異なります。

⑧ 75歳

後期高齢者（65歳～74歳は前期高齢者）とされる年齢です。最近「高齢者」の定義を国連の定義と同様の65歳以上から、75歳に引き上げるべきといった議論がされ始めています。日本老年学会のワーキンググループが2017年１月に公表したものですが、65歳～74歳までを「准高齢者」、75歳～89歳までを「高齢者」、90歳以上を「超高齢者」と区分することなどもあわせて提言されています。社会保障制度の見直しに都合のよい定義に見直すものと受け止める向きもあるようですが、身体的な老化や高齢者の社会参加の状況などさまざまな切り口による研究に基づく提言であり、自然な流れとも考えられます。まだまだ人生を楽しめる年齢であることが当たり前になってきたということでしょう。

⑨ 80歳半ば～90歳

人生100年時代が現実的なものになってきたとはいえ、一般的に、ライフプランを考える際の人生最後の節目は85歳くらいでしょう。簡易生命表の「60歳の平均余《よ》命《めい》」とも近い年齢です（図表１－２）。

今回は60歳定年を前提に「60歳時点の平均余命」を考えましたが、基準となる年齢をあげれば平均余命の年齢もあがりますので、90歳くらいまではマネープランを検討するのがよいでしょう。

図表１－２　平成29年簡易生命表データ

	男性	女性	男女差
０歳（平均寿命）	81.09歳	87.26歳	6.17年
60歳（平均余命）	23.72年→83.72歳	28.97年→88.97歳	4.35年

2 ライフイベントが人生行路を左右する ～自己選択による経済的インパクト

(1) ライフイベント表を作成する目的とその方法（支出）

年齢によらず節目となるのが、結婚などのライフイベントでしょう。就職・教育・学び・結婚・車の購入・住宅購入・出産・子育て・教育・転職・定年・退職・離婚・介護・相続・趣味（各種）など、ライフイベントにはさまざまなものがあります。

定年・退職など年齢とリンクするものもありますが、ライフイベントは発生の有無やその時期、選択肢も人それぞれです。その選択は、経済的な要素による影響を大きく受けます。住宅購入などがその代表例でしょう。多くのライフイベントのなかでも、「①老後のお金」「②教育資金」「③住宅の資金・ローン」「④生命保険」「⑤車」の５つはマネープランに大きく影響します。

ここでは、生き方・働き方に大きな影響を与えるライフイベントを取り上げ、そこでどのくらいの費用負担が発生するのかについてもみていきます。

① 結婚・離婚

結婚に関する費用も平均500万円くらいかかるといわれます。御祝儀などによりカバーできる部分もありますが一時的な負担はあります。個別の問題の部分も大きいと思いますが、結婚相手とのお互いの価値観や負担の納得感なども意識しながら考える必要があることはいうまでもないでしょう。

結婚前後はあわただしく、仕事においても不在時にどう対処するか、段取りや周りとのコミュニケーションが非常に大切となる場面が訪れます。ワーク・ライフ・バランスやワーク・ライフ・インテグレーションを意識して、仕事を見つめ直し、同僚との関係を再構築する機会にもなります。

一方、結婚に比べ何十倍も精神的な負担があるといわれるのが離婚です。結婚は30秒に１組で離婚は２分に１組などといわれます。ケースによっては調停となり、多額の弁護士費用が発生することもあります。少なくとも、財産分与、慰謝料のほかに、子どもの養育費や年金分割（婚姻期間中の厚生年金部分）について考える必要があります。

財産分与で贈与税が発生するケースもありえることや、子どもの教育費の妥当性に認識の違いが生じる可能性があること、年金分割には手続期限（離婚から２年以内）があることなどが留意点としてあげられます。

結婚・離婚についての慶弔制度や夫婦別姓の問題など、勤め先の企業の制度を確認することも必要です。

② 出産・育児・介護

出産の費用は１児については分娩《ぶんべん》・入院など50万～100万円ほどかかるといわれます。育児（除く教育資金）・介護については、生活の状況や介護の程度などで変わりますが、育児は衣食住など最低一人で年間100万円前後（内閣府「21年度インターネットによる子育て費用に関する調査」などを参考にした金額）、介護の費用は増改築などの一時費用100万円弱と月々の費用が８万円弱、といった金額が参考金額となります（「平成24年度 生命保険に関する全国実態調査」（生命保険文化センター）より）。

出産・育児・介護については、休業時の補償制度などさまざまな国の制度が設けられており（図表１－３）、さらに、企業が独自の福利厚生制度として上乗せの給付や祝い金の支給といった制度を設けている場合があります。勤務先の就業規則や労使協定、規程などは確認するようにしましょう。

結婚・離婚に比べ、取得者は管理者へ相談しやすいかもしれません。早めの相談や

図表１－３ 出産・育児・介護に関する休暇・休業制度と経済的支援

	休暇・休業制度	経済的支援となる制度
出産	**◆産前産後の休暇（休業）** ・産前６週間（多胎妊娠(双子以上)は14週間） ・産後８週間	**◆産前産後休業中の社会保険料免除制度** **◆出産手当金（健康保険）** 出産に伴う休業で給与が支払われない場合、原則出産日以前42日から出産日翌日以後56日までの間１日つき平均日額の３分の２相当額を支給 **◆出産育児一時金（健康保険）** 原則１児につき42万円
育児	**◆育児休業** ・原則、養育している子が１歳になる前日まで ・一定要件で1.5年あるいは２年への延長あり	**◆育児休業給付金（雇用保険）** 原則として休業開始時賃金日額×支給日数の67％（育児休業の開始から６カ月経過後は50％）相当額を支給 ※中学までは市町村からの児童手当の支給もあり
介護	**◆介護休業** ・対象家族一人につき通算93日まで、３回を上限として分割して取得可能 ・半日（所定労働時間の２分の１）単位での取得が可能	**◆介護休業給付金（雇用保険）** 原則として休業開始時賃金日額×支給日数×67％相当額を支給

取得者とのスケジュールの共有は大事でしょう。運営管理の展望や会社制度の確認など、人事労務部門への窓口としての管理者の役割は大きく、話しやすい関係づくりが大切です。

また、最近では出産育児休暇取得中に自己啓発活動を求める企業も増えています。取得者本人にライフプラン・キャリアプランが描けていること、管理者であれば取得者である部下の負担感を念頭に置きながら適切なアドバイスをできるようにしておくことが大切です。

③ 教育

子どもとのかかわり方は、生き方・働き方を変える要素です。そのなかでも、教育に関しては、時間・お金をどう使うかが大きなテーマです。子どもにどのような教育を受けさせるのかについては、環境や価値観といった要素に基づく選択がされるので、千差万別です。ここでは、主な経済的な負荷について解説します。

幼稚園３年・小学校６年・中学校３年・高校３年・大学４年とすれば、すべて公立なら約1100万円、すべて私立なら約2500万円が必要とおおよその必要額は計算できます（図表１－４）。さらに、ケース別にどれだけ差が生じるかの目安については、少々古い資料になりますが、平成21年の文部科学白書に掲載されている「家計負担の現状」にケース別の教育負担の金額を試算した資料が参考になります（図表１－５）。大学進学にかかる費用については、理系・文系といった進路や下宿の有無のなどさらに加味しなければならない事項があります。

教育資金の準備として、学資保険での積立ても検討すべきでしょう。また、教育資金の調達という面では、奨学金制度や財形教育融資の利用という選択肢もあります。

図表１－４　年間教育関連費

	幼稚園	小学校	中学校	高等学校（全日制）	大学（昼間部）
公立	23万4,000円	32万2,000円	47万9,000円	45万1,000円	143万1,000円
私立	48万2,000円	152万8,000円	132万7,000円	104万円	200万4,000円

（出所）　幼稚園･小学校･高等学校のデータは､文部科学省の「平成28年度子供の学習費調査」の保護者が支出した１年間・子ども一人当りの学習費総額（保護者が子どもの学校教育および学校 外活動のために支出した経費の総額）、大学は、「平成28年度 学生生活調査結果」（日本学生支援機構）をもとに筆者作成

図表1－5　幼稚園から大学卒業までにかかる費用

区分	学習費等（※1）総額					合計
	幼稚園	小学校	中学校	高等学校	大学（※2）	
ケース1 高校まで公立、大学のみ国立	66万 9,925円	184万 5,467円	144万 3,927円	154万 5,853円	436万6,400円 (平均)	987万1,572円
					287万6,000円 (自宅)	838万1,172円
					533万2,000円 (下宿・アパート)	1083万7,172円
ケース2 すべて公立	66万 9,925円	184万 5,467円	144万 3,927円	154万 5,853円	392万0,000円 (平均)	942万5,172円
					268万400円 (自宅)	818万5,572円
					487万円 (下宿・アパート)	1037万5,172円
ケース3 幼稚園及び大学は私立、他は公立	162万 5,592円	184万 5,467円	144万 3,927円	154万 5,853円	623万9,600円 (平均)	1270万439円
					517万5,200円 (自宅)	1163万6,039円
					790万5,600円 (下宿・アパート)	1436万6,439円
ケース4 小学校及び中学校は公立、他は私立	162万 5,592円	184万 5,467円	144万 3,927円	292万 9,077円	623万9,600円 (平均)	1408万3,663円
					517万5,200円 (自宅)	1301万9,263円
					790万5,600円 (下宿・アパート)	1574万9,663円
ケース5 小学校だけ公立	162万 5,592円	184万 5,467円	370万 9,312円	292万 9,077円	623万9,600円 (平均)	1634万9,048円
					517万5,200円 (自宅)	1528万4,648円
					790万5,600円 (下宿・アパート)	1801万5,048円
ケース6 すべて私立	162万 5,592円	836万 2,451円	370万 9,312円	292万 9,077円	623万9,600円 (平均)	2286万6,032円
					517万5,200円 (自宅)	2180万1,632円
					790万5,600円 (下宿・アパート)	2453万2,032円

※1　「学習費等」には授業料などの学校教育費や学校給食費、学校外活動費が含まれる。
※2　家庭から学生への給付額を使用。

（注１） 幼稚園〜高等学校の教育費は文部科学省「平成20年度子どもの学習費調査結果」に基づいて作成（単位：円）。
（注２） 大学の教育費については独立行政法人日本学生支援機構「平成20年度学生生活調査結果」に基づいて作成。

④ 住宅の購入

どこでだれといつまでどのような生活を送るのかということは、ライフプランを考えるうえで大きな要素です。転勤などのキャリアプランも影響すると思いますが、価値観や好みなどから、「一戸建てかマンションか」「中古か新築か」などさまざまな選択肢が思い浮かぶでしょう。この選択によって取得費用も大きく異なります（図表１－６）。

住宅取得者の中心は30歳〜40歳代で、建替えやリフォームは50歳〜60歳代以上が中心です。建替え前の居住期間の平均は約37年です。

住宅ローンを検討する場合は、平均の借入期間や年収比の年間返済額・負担率などの統計が目安になります。住宅ローン減税（原則10年間年末ローン残高の１％の税

図表１－６ 平均住宅取得費用

	取得費用（一時取得・二次取得とも）				世帯主のデータ		借入金（住宅ローンなど）				
	合計（万円）	うち自己資金（万円）	うち借入金（万円）	自己資金比率（%）	平均年齢（歳）	平均年収（万円）	「有」の比率（%）	年間返済額（万円）	返済負担率（%）	返済期間（年）	ローン減税利用率（%）
注文住宅（含む土地購入）	4194	1298	2897	30.9	40.9	690	55.8	142	22.7	32.0	90.8
注文住宅（建て替え）	3249	1169	2080	64.0	58.4	—	28.3	—	—	—	—
分譲戸建て住宅	3810	1027	2783	26.9	38.9	646	65.1	116	19.2	31.2	82.6
分譲マンション	4423	1729	2694	39.1	43.3	835	64.4	137	18.0	30.7	80.9
中古戸建て住宅	2693	1536	1157	43.0	44.3	634	53.9	95	18.9	26.1	73.3
中古マンション	2656	1364	1293	48.7	46.0	650	48.7	99	15.7	26.8	62.3
リフォーム	227	28	198	87.4	58.4	663	3.7	89.3	15.6	11.1	15.0

（出所） 国土交通省「平成28年度住宅市場動向調査報告書」をもとに筆者作成

額控除）の活用も検討しましょう。現在の金利状況から「ローンは借りなきゃ損」という人もいますが、収入の高い時期に負担をし、収入減となる老後の時期において住まいの安心を買うという意識が必要だと思います。退職金での繰上げ返済なども見据えた検討が必要です。

なお、住宅購入の際は、登記・事務手数料・保証料・印紙代など50〜60万円程度の費用負担が発生します。さらに、団体信用生命保険の加入がほとんどのローン契約で必要です。保険料負担を考え、あわせてほかに加入している生命保険の見直しも忘れてはなりません。また、返済方法について、元金均等返済を選択するか元利均等返済を選択するかによって、そのときどきの負担額や借入元本の減少スピードは変わります。

⑵ その他の費用や収入

① 生命保険

ライフイベントそのものではありませんが、生命保険は経済面の問題として重要です。

年間払込保険料が36万円未満、つまり月３万円未満の保険料を負担している人が大勢と思えますが（図表１－７）、毎月３万円を30年払えば、単純計算で1000万円を超えます。安心を買うことは良いことですが、いざという時に必要な金額や社会保険でカバーできる金額を知らないままで加入している場合や、同じような保険に複数加入している場合もあります。

私のセミナーでは、生命保険の保険料も５大支出のなかに含め、加入している保

図表１－７　生命保険・個人年金保険の加入率・保険料

	加入率(%)	年間払込保険料						
		平均額(万円)	12万円未満(%)	～24万円未満(%)	～36万円未満(%)	～48万円未満(%)	～60万円未満(%)	60万円以上(%)
全体	82.4	19.7	34.9	32.6	14.8	6.2	2.2	3.9
男性	81.7	22.8	26.7	33.6	16.7	9.5	2.9	5.2
女性	83.0	17.4	40.8	31.8	13.5	3.7	1.8	3.0

（注１）　グループ保険、財形を除く民間の生命保険会社や郵便局、JA（農協）、県民共済・生協等で取り扱っている生命保険や個人年金保険の加入者が対象。
（注２）　年間払込保険料は一時払や頭金の保険料は除く。
（出所）「平成28年度 生活保障に関する調査」（生命保険文化センター）

険の見直しを前提とした個人年金などのいわゆる自分年金を充実させることについて話をしています。勤務先の制度を理解している方は非常に少なく、弔慰金の有無などにより生命保険の一時金の必要額も変わります。転職をきっかけに前社の制度が充実していたことを再認識した、という話もあります。

② 副業・兼業

これまでは1つの企業に所属し、その企業等からの給与・賞与のみが収入源であることが当たり前という時代でした。しかし、能力開発としての視点からも副業を解禁する企業が増え、新たな収入源として注目されています。働き方改革の1つとして、厚生労働省も副業・兼業を「普及促進」するというスタンスです。ただし、副業・兼業はあくまでも本業に支障がないことが前提です。勤務先の副業・兼業に関する就業規則を確認する必要があります。

厚生労働省が参考として公表している「モデル就業規則」でも、副業を禁止する場合として、①労務提供上の支障がある場合、②企業秘密が漏洩する場合、③会社の名誉や信用を損なう行為や信頼関係を破壊する行為がある場合、④競業により企業の利益を害する場合などが謳われています。能力開発や退職後の働き方といった目線で、企業側とともに前向きに取り組めることが理想でしょう。

③ 定年・再雇用などの制度

ライフプランニングにおいて、何歳まで働くかということは大きな問題です。勤務先の継続雇用の期限、定年退職日（誕生日・誕生月の月末・誕生日の属する月の期末など）を知っておくことは重要です。

高年齢者雇用安定法は、「定年を定める場合は60歳以上」とするほか、事業主に原則65歳までの雇用確保を義務づけ、再雇用等について以下のいずれかの措置を企業に求めています。

① 定年の引上げ
② 継続雇用の制度の導入
③ 定年の定めの廃止

いわば、「本人が希望すれば、原則65歳までは雇いなさい」ということです。厚生労働省が2016年に公表した「高年齢者の雇用状況」では、高年齢者の雇用確保の措置について「実施ずみ」とする企業の割合は99.5％（大企業は99.9％）と100％に近づきつつあります。

そもそも、「継続雇用」は、「再雇用」と「雇用延長（勤務延長）」に分かれます。

「再雇用」は、定年で労働契約が終了するものであり、再度別の労働契約を締結することとなり、通常は新たな役割を与えられ、処遇等も変わります。１年ごとに契約を結ぶケースも多くあります。一方、「雇用延長（勤務延長）」は、定年が到来しても労働契約がそのまま継続されるもので、通常、労働契約終了まで退職金は出ません。近年、雇用延長の場合の給与体系を新たに構築し直している企業が多くみられます。勤務先の制度に変更がないかなど、会社の制度を確認しておくことは重要です。

なお、厚生年金の支給開始年齢の引上げにより、60歳台前半に報酬比例部分の厚生年金を受け取ることができる人について、経過措置による取扱いが設けられています。この経過措置により、企業によっては65歳未満を期限とする継続雇用の対象者の年齢区分を定めていることがあります。

雇用保険の高年齢雇用継続基本給付金の支給基準の影響で、60歳定年以降の月次給与が５～６割程度になるほか、賞与なしもしくは大幅に減額になる企業が多くみられます。特に、再雇用の場合、まったく違う職種や勤務形態（時短など）として労働契約を結ぶため、処遇が大きく変化します。

定年を機に関連会社などに職場が変わったり、関連会社等へ事前に出向となったりする企業もあります。処遇のみならず、勤務“場所”の変更もライフプランニングを検討するうえでは考慮すべき大切な要素です。

④ 退職金制度

退職金の性質については、「賃金の後払い」「勤続に対する報償」「生活の保障」など諸説ありますが、基本的には「労働契約の終了」の際に支給されるものが退職金です。定年の引上げや雇用延長が行われる場合は、原則の60歳時点でなく、退職時が支給のタイミングとなります。

一言で「退職金」といっても、勤務先によりその内容は異なります。すべて一時金で支給されるところもあれば、確定給付企業年金に移行され、一時金として受け取るか年金として受け取るか選択できる会社もあります。一部を確定拠出年金に移行している会社もあります。また、中小企業などでは、中小企業退職金共済などを活用している場合もあります。

いずれにせよ、退職金がセカンドライフの経済面の大きな拠り所であることは間違いありませんから、勤務先の制度をしっかり確認したうえで、一時金・年金という受取方法の選択を検討する必要があります。

特に、年金が選択できる場合は、予定利率や期間がマネープランへの大きく影響します。また、税金の扱いも一時金・年金で異なることに注意が必要です。

3 マネープランシートの作成（ライフステージ・ライフイベントをふまえた将来的な家計計画）

ライフステージやライフイベントについて理解したら、マネープランシートを作成してみます。マネープランシートができると、自身や家族の将来を考えるきっかけになり、相談もしやすくなります。新しい発見や、ぼんやり思い描いていたライフプランの修正も行うことができます。

マネープランシートは、縦に収入・支出の項目、横に年齢のとったマトリクスの各マスにその年の収入・支出の金額の想定額を書いていきます（縦・横は逆のケースもあります）。公的年金の支給開始にあわせて65歳から金額を記入し、生活費のほか、車の買換えといったイベントの予定を記入していくと、予算がみえてきます。収入の推移がどうなるか、支出の基礎（ベース）部分と臨時支出はどうなるか、各年の収支がどうなるかがわかります。また、貯蓄額を下部の欄に記入していくことで、各年の収支に基づく貯蓄額が明確になります。

ライフプランに基づいて記入していくことによって、自分がやりたいことや避けて通れないことが予算化され、人生設計図ができあがってきます。再雇用に応じるのかなどライフプラン上の選択肢などによる変化も想定できます。

マネープランとライフプランは表裏一体です。ライフプランに基づかないマネープランはありえません。そして、つくりっぱなしではなく見直しが必要であり、家計の運営は行動と意識の改善が効果の源といえます。

カフェテリアプラン（選択型福利厚生制度）が自身の会社の福利厚生制度にある会社もあるでしょう。FPへの相談をカフェテリアプランのメニューとして設けている会社も多くあり、また、人事部などでFP紹介制度をもつところもあります。しかし、マネープランづくりは、知識と意識を高める機会にもなりますので、ある程度は自分自身で作成することに意味があります。自身で作成したマネープランに基づいて、たとえばローンや保険について相談したり、作成したマネープランの検証や見直しのアドバイスなどを受けたりすることなどに利用することをお勧めします。

企業は、社員のマネープランや資産形成へも支援が必要な時代になったともいえます。自身が利用している金融機関なども含め、資源を使って自身のマネープランを確固たるものにすることは、働き方にも大きく影響します。

3 「キャリア」プランニングと「ライフ」プランニング

1 「キャリア」のプランニング

(1) 仕事と人生の両輪

人生には「病気」「貧乏」「孤独」という3つのリスクがあるといわれます。逆に、この3つのリスクに陥らないために「3つのK」、「健康」「経済」「生きがい」(孤独の裏返し)の3つについてプランニングを行うことも大切です。

近頃では、ライフプランに加えて「キャリア」のプランニングを行うことが必要といわれています。リンダ・グラットンとアンドリュー・スコットの著書『LIFE SHIFT(ライフ・シフト)』(東洋経済新報社)では、すでに人生100年を前提にセカンドキャリアどころかサードキャリアが必要だと説いています。長くなる人生の経済面も考慮した、一生稼ぐ力をもつことが必要になるのです。

ひと昔前は、現役時代とリタイア後という分け方で人生を考え、生きがいと働きがいをあたかも別の次元のものとしてとらえていた人が多かったと思います。現役中は仕事一本やり、リタイアしたらすべて忘れる、といったライフプランは、時代遅れになってきました。生涯現役ならリタイア後はありませんし、働くこと自体が生きがいの明確な構成要素になります。人生を考え、設計する1つの要素として仕事が存在し、仕事がけん引していた人生から仕事と人生の両輪に移りつつあります。逆に両輪の1つである自分の人生をしっかり考えないで仕事に臨む姿勢はありえないのです。

「キャリア」という言葉は、経歴・職歴を意味しますが、もともとは「馬車などの轍《わだち》」、つまり、1人ひとりの足跡です。職業上の経験や能力のみならず、過去・現在あるいは未来を含むその人の人生そのものや生きざまをも意味する概念です。キャリアプランニングがあたかもライフプランとは別の概念ともみられがちですが、実際にはすべての人生経験が職業的な能力や人生の歩みにも結びつくものです。すべての経験等がその人を形成するものであり、ワークとライフは相互に関連等するものという意識は常にもちたいものです。仕事を通じた能力が生きがいを実現させることや生きがいや趣味が仕事になるようなことがあることの例は枚挙に暇がありません。

⑵ 「生きがい」の構築を図る

働き方改革は、ワークとライフを調和・統合させながら「生きがい」を感じられるスタイルをどう構築するかがテーマといえます。生きがいと働きがい、仕事と生活の親和性や調和性をもつことが「働き方改革」でもあります。いまという時間とこれからの時間という両方のなかで、その境目、切替えを自身で行使できるチャンスに恵まれた面もあると意識すべきです。

逆に仕事とはどういうものか、仕事との付合い方はどうしていったらいいのかも、一度あらためて考えてみるといいでしょう。私たちが日常会話のなかで、「仕事だな」というとき、この「仕事」をいやいややるものといったイメージで使うための言葉遣いになっていることがあります。仕事が生活とも統合する「生きがい」の１つとなるには、このような感覚をなくす必要があります。

スタンフォード大学のクランボルツ教授による「計画された偶発性理論」という理論があります（Kathleen E. Mitchell,Al S. Levin,John D. Krumboltz「Planned Happenstance: Constructing Unexpected Career Opportunities」（1999）JOURNAL OF COUNSELING & DEVELOPMENT・SPRING 1999・VOLUME 77）。キャリア形成は偶然の巡り合わせの要素も大きく、さまざまな経験が後日仕事を遂行するための能力形成などに役立つことなどを指します。大切なことは、キャリア形成として明確に意識されていない仕事でもしっかりこなすことであり、その態度・スキルとして、以下の５つが必要であるとしています。

① 好奇心
② 持続性
③ 柔軟性
④ 楽観的
⑤ 冒険的

このような態度・スキルを常にもった仕事への向合い方はむずかしいかもしれません。しかし、今後のAI活用などによる単純労働からの解放後のイノベーションや高付加価値業務が中心となる職場なども視野に、ワークとライフの調和や融合という観点をふまえた自身のワークエンゲイジメント（仕事に誇り（やりがい））をもち、仕事にエネルギーを注ぎ、仕事から活力を得ていきいきしている状態を想像してみる必要があります。またその際に、「計画された偶発性」つまりすべての経験が糧になるという意識や前出の５つの態度・スキルとワークエンゲイジメントの実現との関係も心に刻み、今後の仕事に対する臨み方を考えてみることが重要でしょう。

2 管理職によるプランニングの支援は夢をかなえる働き方改革への起点

管理職にとって、部下がどのようなライフプラン・キャリアプランを描いているのかは重要です。部下１人ひとりの希望に基づいたアドバイスは、仕事のやりがいの側面はもちろん、能力開発や昇給の目標においての道標となります。部下のライフプラン・キャリアプランをふまえてこそ、「Aさんは子育てが本格化するから残業はむずかしくなる。早めに残業のない職場に変えたほうがいい」「Bさんは３年後に昇給を望んでいるから、本格的にこの業務を教えてステップアップを図ろう」といった、マネジメントや育成計画ができあがることになります。

ライフプランニング・キャリアプランニングは「夢」の実現への行程を考えることでもあります。その支援は、夢の共有化や部下が幸せを追求する権利の後押しになり、部下の成長を促す育成につながります。そのためには、自身のプランニングで得た知識や経験を活かすことが重要です。支援のスキルとプライバシーへの配慮の両立も自身のプランニングの経験が大きくものをいいます。

吉田松陰は、「夢なき者に理想なし、理想なき者に計画なし、計画なき者に実行なし、実行なき者に成功なし。故に、夢なき者に成功なし」という名言を残しています。働き方改革を「夢→理想→計画→実行」というプロセスで進める起点が部下へのプランニングの支援といえます。管理職によるプランニング支援を働き方改革へのメッセージとも考え、「働き方改革＝夢をかなえる取組み」といった意識が伝われば、部下の働き方改革の動機づけや踏み出しの大きな梃になります。

POINT

- 「働き方」を考えるスタート地点はライフプランニング
- ライフプランとキャリアプランの両輪で「働き方」を考えよう
- 管理職ならば自身のライフプランニングとキャリアプランニングから習得した知識と経験を部下の育成に活かそう

コラム　ライフプランニングのための知識・ノウハウ

ライフプランニングを実践するにあたっては、その必要な知識・ノウハウについて、事前にチェック（自己診断）をしておくことをお勧めします。その際に参考になるのが、ファイナンシャル・プランニング技能検定（以下、「FP技能検定」といいます）の学科試験です。

第５章で記載する自己啓発などにも関連しますが、FP技能検定の学科試験は、ライフプランニングなどの事項が広範に出題され、「A．ライフプランニングと資金計画」を含む以下の６分野が出題範囲とされています。B以降の知識・ノウハウの集大成が「A．ライフプランニングと資金計画」ともいえます。また、人生の歩みのなかの諸要素として押さえておきたい事項も数多くあります。

特に、部下への支援には、直面する状況の違いによりさまざまな話が出てくる可能性があり、その準備・心構えとしても有効です。私も、資格取得までの過程で身に付けていった事項が、少しずつ視野を広げ日常の管理業務にも役立っていくことを実感したものです。

〈FP技能検定の出題分野〉

A．ライフプランニングと資金計画
B．リスク管理（保険制度など）
C．金融資産運用
D．タックスプランニング
E．不動産
F．相続・事業継承

第2章

人事制度

1 人事制度を理解できてこその働き方改革

1 「人事制度がわかりにくい」

(1) 現場で変えられない人事制度

人事部ではない部署で自ら「働き方改革」に取り組むには、自身の会社や組織の人事制度の範囲内で工夫をすることが前提となります。何か１つアイデアが浮かび実行しようとする際には、それが社内のルールを逸脱しないか確認することが必要です。特に働き方という「人」にかかわる問題においては、人事制度によって解決策の選択肢が大きく変わります。

規定やルールは守られてこそのものであり、人事制度が適切に運用されるための諸施策を講じ、現場の指導や運用状況のハンドリングを行うのが人事・労務部門の役割です。そして、従業員個々人は規定やルールに沿って行動するということになります。人事制度を所管する部署は、規定やルールを取りまとめた就業規則や各「規程」、Q&Aを社内ネットワーク上に掲示し、人事制度の説明資料やハンドブックを配布するなど周知に努めます。さらに、改定時には説明会を開き、従業員へ知らせる企業も多いでしょう。都合の悪い部分を表に出さない企業があるといわれることもありましたが、近頃は訴訟や風評被害のリスクをふまえ、就業規則の周知を意識しない企業は稀有《けう》になってきました。

しかし、企業によって周知の方法やレベル感の違いがあるのは当然です。規程が大量に存在し掲載箇所もさまざまな場合、知りたいことがどこにあるかわからないといった不便な状況もあるでしょう。取組事項を検討するにあたっては、人事制度を確認する場面が多くあります。大まかに把握しておき、知りたいことにすぐたどり着けるよう整理しておくことは、効率的に改革へのアクションプランを進めるポイントとなります。さらに、勤務先の人事制度を把握するには、労務管理の基礎的な素養がその手助けとなります。

⑵ 人事制度は「さちのひも（幸の日も）」

人事制度は、社員などの身分や役割（職務・職種）、労働条件（勤務時間や休暇など）、評価制度、給与や賞与の体系・能力開発、研修の制度、退職金・年金の制度、慶弔なども含む福利厚生制度など多彩で多くの要素があり、これらすべてが人事制度の範囲です。

企業の人事制度に関連して「さちのひも（幸の日も）」という語呂合わせがあります。「さ」は採用・配置、「ち」は賃金・報酬、「の」は能力開発・研修、「ひ」は評価・処遇、「も」はモチベーション・モラルの頭文字です。人事制度はこのような視点をふまえたルールといえます。そして、人事制度は「法の範囲を逸脱しない」といった必要最低限の面だけでなく、評価とそれに基づく処遇のバランスや公平感・納得感、福利厚生の充実などによる従業員満足度向上・モラル維持なども志向され、そのことが企業自体の評判の維持向上や、不正防止の風土の組成、ひいては企業活動の永続性につながっていきます。

2 人事制度の土台となる法律は何か

⑴ 労働者を保護する「労働基準法」と労使間の契約関係を明確にする「労働契約法」

労働基準法は1947年（昭和22年）に制定された約70年の歴史ある法律です。日本国憲法27条２項に「賃金、就業時間、休息その他の勤労条件に関する基準は、法律でこれを定める」とあります。その法律が労働基準法です。また、労働契約法は、労働者と使用者の契約関係を明確にする法律として、2008年３月に施行された比較的新しい法律です。

賃金の支払者である使用者の立場が圧倒的に強いとの前提に立ち、労働条件の最低基準を定めた法律として労働基準法は制定されました。いわば、弱い立場の労働者を保護する法律といえます。労働基準法が制定された頃は、低賃金・長時間労働が当たり前の状況もありました。労働基準法１条には、その背景を映したように「労働条件は、労働者が人たるに値する生活を営むための必要を充たすべきものでなければならない」という記載があります。

⑵ 重要な労働条件は書面契約が必要

労働基準法15条「労働条件の明示」の１項に以下の規定があります。

> 【労働基準法15条】
> 使用者は、労働契約の締結に際し、労働者に対して賃金、労働時間その他の労働条件を明示しなければならない。(以下省略)

「賃金、労働時間その他の労働条件」に関する具体的な条件は以下のとおり、施行規則５条に定めがあります。場所や時間などの基本部分は、一部を除き書面による明示が必要な絶対的明示事項とし、労働者が知らぬ間に不利な状況とならないよう保護されています。

> 【＝絶対的明示事項（必ず明示しなければならない労働条件)】
> ⑴ 労働契約の期間
> ⑵ 期間の定めのある労働契約を更新する場合の基準
> ⑶ 就業の場所・従事する業務の内容
> ⑷ 始業・終業時刻、所定労働時間を超える労働の有無、休憩時間、休日、休暇、交替制勤務をさせる場合は就業時転換に関する事項
> ⑸ 賃金の決定、計算・支払の方法、賃金の締切り・支払の時期並びに昇給に関する事項
> ⑹ 退職に関する事項(解雇の事由を含む)
> ※上記（昇給に関する事項を除く）は書面による明示要
>
> 【相対的明示事項（制度を設ける場合に明示しなければならない労働条件)】
> ⑴ 退職手当の定めが適用される労働者の範囲、退職手当の決定、計算・支払の方法、支払の時期に関する事項
> ⑵ 臨時に支払われる賃金、賞与などに関する事項
> ⑶ 労働者に負担させる食費、作業用品その他に関する事項
> ⑷ 安全・衛生に関する事項
> ⑸ 職業訓練に関する事項

(6) 災害補償、業務外の傷病扶助に関する事項
(7) 表彰、制裁に関する事項
(8) 休職に関する事項
※上記は口頭により明示することも可

(3)「労働する」（労働者）⇔「賃金を払う」（使用者）の義務関係

私たち労働者と雇用主である企業（使用者）との間には労働契約が存在します。「そんな契約を結んだ覚えはない」という人もいると思いますが、労働契約法６条により、労働者（賃金を支払われる者）と事業主などの使用者の間には、いわば、「労働すること」と「賃金を支払うこと」についての権利・義務関係が契約によって発生しています。なお、契約自体に必ずしも書面は要しないことになっています。

また、どのような条件で働くかについては、①個別に決める、②合理的な内容の就業規則による、とされています（同法７条)。就業規則で労働条件を変更する方が実務的との面もあり、多くの企業が就業規則を定めています。具体的な労務管理に関するルールを確認する際は、就業規則に当たることとなるでしょう。

3 具体的なルールは「就業規則」「労働協約」「労使協定」で確認する

(1) 就業規則は「会社のルールブック」

正社員で採用された方であれば、入社時に以下のような文言が入った誓約書の提出を会社から求められたのではないでしょうか。

○ 就業規則および諸規則を厳守し、所属部署の上司の指示・命令に従い、他の社員と協力して誠実に職務を遂行します。
○ 勤務地の変更や職種の変更、関連会社への出向等、貴社の人事上の命令に従います。
○ 業務上知りえた秘密については、在籍中はもとより退職後も他に漏らしません。
○ 社内・社外にかかわらず、会社の名誉や信用を傷つけるような行為はし

ません。

○ 故意または重大な過失により会社に損害を与えたときは、その損害を賠償します。

ここでの「就業規則および諸規則」が会社のルール（規定等）のすべてであり、そのなかでも、就業規則は人事制度のなかで社員の労働条件等を定める重要なルールとなります。

10人以上の従業員がいる会社には、就業規則の作成義務があります。会社は、従業員を代表する者の意見を聴取のうえ就業規則を作成します。そして、就業規則を作成した場合は労働基準監督署への届出が必要です。

就業規則には、以下のような記載事項がありますが、必ず記載しなければならない「絶対的必要記載事項」、定める場合に記載しなければならない「相対的必要記載事項」、「その他任意で記載する事項」があります。休日や賃金に関することは必ず記載されていますが、昼食に関することなど定めがなければ記載されていない事項があることに注意が必要です。

【絶対的必要記載事項（必ず記載しなければならない事項）】

① 始業及び終業の時刻、休憩時間、休日、休暇、労働者を２組以上に分けて交替で就業させる場合においては就業時転換に関する事項（育児・介護休業法に基づく育児休業、介護休業等も含まれます。）

② 賃金（臨時の賃金等を除きます。）の決定、計算及び支払の方法、締切り及び支払時期、昇給に関する事項

③ 退職（解雇の事由を含みます。）に関する事項

【相対的必要記載事項（定めをする場合には、記載しなければならない事項）】

① 退職手当の定めをする場合には、適用される労働者の範囲、退職手当の決定、計算及び支払の方法、退職手当の支払の時期に関する事項

② 臨時の賃金等（退職手当を除きます。）及び最低賃金額の定めをする場合には、これに関する事項

③ 労働者に食費、作業用品、その他の負担をさせる定めをする場合には、これに関する事項

④ 安全及び衛生に関する定めをする場合には、これに関する事項
⑤ 職業訓練に関する定めをする場合には、これに関する事項
⑥ 災害補償及び業務外の傷病扶助に関する定めをする場合には、これに関する事項
⑦ 表彰及び制裁の定めをする場合には、その種類及び程度に関する事項
⑧ 以上のほか、当該事業場の労働者のすべてに適用される定めをする場合には、これに関する事項

⑵「就業規則」「労働協約」「労使協定」の優先順位

労働条件等を定めるものとして、就業規則以外に労働協約や労使協定があります。

労働協約は、労働組合との交渉・合意事項です。したがって、組合がなければ存在しないはずです。また、労使協定は労働者代表との合意事項で、労働基準法にその項目が定められています。後述する36協定もその１つです。それぞれは、対象となる職種などを区分して作成することもあります。

ところで、それぞれに労働条件は重複した定めがあることもあります。場合によっては、同じ項目で内容が相違するケースもありえます（図表２－１）。その場合は、法令（労働基準法など）や労働契約も含めると、優先順位は【法令＞労働協約＞就業規則＞労働契約】となります。したがって、１日の労働時間の定めが、法令に定める８時間以内を上回るような取決めは労働基準法の最低基準を下回るため、その部

図表２－１　就業規則・労働協約・労使協定の違い

名称	前提	内容・当事者・位置づけ等
就業規則	労働者代表の意見聴取	会社や従業員が働いてもらう時間や支払う賃金の額、仕事の内容、休日など守るべきルールを定めたルールで「会社の法律」などといわれる。 10名以上の従業員のいる場合は、作成義務および届出義務あり。
労働協約	労働組合との交渉	賃金、労働時間などの労働条件や、団体交渉、組合活動などの労使関係のルールについて、労働組合と使用者が書面で取り交わした約束事である。 最長３年とされる。
労使協定	労働者代表との協議	会社と従業員の間での取決め「時間外・休日労働に関する労使協定」（36協定）もそのうちの１つ。 届出の必要なものと不要なものあり（36協定は届出要）。 ※「労働者代表」とは、事業場の労働者の過半数で組織する労働組合がある場合にはその労働組合、そのような労働組合がない場合にはその事業場の労働者の過半数を代表する者。

分の取決めが無効になります。また、たとえば、労働契約・就業規則ともに７時間30分と決められているにもかかわらず、労働協約が７時間ならば、７時間という取決めが優先されます。

4 「就業規則のどこに何が書いてあるのか見当がつかない」

人事制度は、労働基準法等に明示義務の定められている労働条件を含め、各企業で内容に違いがあって当然です。規模の大きな企業では、さまざまな規程に細分化して定めていることもあります。各規程は、就業規則にあるそれぞれの項目を落とし込んだ運営ルールも含んでいます。また、職種ごとに区分して作成していることもあります。このような複雑な構成の場合は、就業規則が各事項の規程を総括する形式になっています。

複雑になればなるほど、どこに何が書いてあるかわかりにくくなりますから、知りたい情報にたどり着くのは困難になります。ここで手間取らないよう、少なくともどのような章立てになっているのかは知っておくとよいでしょう。

厚生労働省労働基準局は「モデル就業規則」を公表しています。多くの企業はこのモデルをベースに就業規則を作成していますので、参考になります。また、規程の一部代表例との対応関係を紐付けすると図表２－２のようになります。

図表２－２　モデル就業規則（平成30年１月 厚生労働省労働基準局監督）と関連する規程

目次	関連する規程等
第１章　総則	
第１条（目的）	
第２条（適用範囲）	
第３条（規則の遵守）	
第２章　採用、異動等	転勤規程 出向規程 転籍規程 休職規程
第４条（採用手続）	
第５条（採用時の提出書類）	
第６条（試用期間）	
第７条（労働条件の明示）	
第８条（人事異動）	
第９条（休職）	
第３章　服務規律	ハラスメント防止規定 （セクシャルハラスメ
第10条（服務）	
第11条（遵守事項）	

第12条（職場のパワーハラスメントの禁止）	ントの防止に関する規程・パワーハラスメントの防止に関する規程） 特定個人情報規程
第13条（セクシュアルハラスメントの禁止）	
第14条（妊娠・出産・育児休業・介護休業等に関するハラスメントの禁止）	
第15条（その他あらゆるハラスメントの禁止）	
第16条（個人情報保護）	
第17条（始業及び終業時刻の記録）	
第18条（遅刻、早退、欠勤等）	
第４章　労働時間、休憩及び休日	在宅勤務規程 裁量労働規程 フレックス労働規程
第19条（労働時間及び休憩時間）	
第20条（休日）	
第21条（時間外及び休日労働）	
第５章　休暇等	休暇規程 育児介護休業規程 慶弔見舞金規程
第22条（年次有給休暇）	
第23条（年次有給休暇の時間単位での付与）	
第24条（産前産後の休業）	
第25条（母性健康管理の措置）	
第26条（育児時間及び生理休暇）	
第27条（育児・介護休業、子の看護休暇等）	
第28条（慶弔休暇）	
第29条（病気休暇）	
第30条（裁判員等のための休暇）	
第６章　賃金	賃金規程 人事評価規程 赴任旅費規程 出張旅費規程 海外出張旅費規程 海外駐在員規程 マイカー通勤規程 従業員貯蓄規程 従業員持ち株規程
第31条（賃金の構成）	
第32条（基本給）	
第33条（家族手当）	
第34条（通勤手当）	
第35条（役付手当）	
第36条（技能・資格手当）	
第37条（精勤手当）	
第38条（割増賃金）	
第39条（１年単位の変形労働時間制に関する賃金の精算）	
第40条（代替休暇）	
第41条（休暇等の賃金）	
第42条（臨時休業の賃金）	
第43条（欠勤等の扱い）	
第44条（賃金の計算期間及び支払日）	
第45条（賃金の支払と控除）	
第46条（賃金の非常時払い）	
第47条（昇給）	
第48条（賞与）	

第７章　定年、退職及び解雇	定年再雇用規程
第49条（定年等）	
第50条（退職）	
第51条（解雇）	
第８章　退職金	退職金規程
第52条（退職金の支給）	退職年金規程
第53条（退職金の額）	
第54条（退職金の支払方法及び支払時期）	
第９章　安全衛生及び災害補償	安全衛生管理規程（安全管理規程・衛生管理規程） 安全衛生管理規程
第55条（遵守事項）	
第56条（健康診断）	
第57条（ストレスチェック）	
第58条（健康管理上の個人情報の取扱い）	
第59条（安全衛生教育）	
第60条（災害補償）	
第10章　職業訓練	教育研修規程
第61条（教育訓練）	
第11章　表彰及び制裁	懲戒規程
第62条（表彰）	
第63条（懲戒の種類）	
第64条（懲戒の事由）	
第12章　無期労働契約への転換	正社員登用規程
第65条（無期労働契約への転換）	
第13章　公益通報者保護	内部通報者規程
第66条（公益通報者の保護）	
第14章　副業・兼業	副業規程
第67条（副業・兼業）	

2　雇用形態の多様化

1　さまざまな雇用形態のメンバーでチームは成り立っている

企業に勤めている場合、仕事は一人で行うものではなく、チームで行うことが多いでしょう。正社員・契約社員・派遣社員・パート・アルバイトなど、いろいろな雇用形態の人が協力・分担等をしながら業務を進めることが当たり前になっています。同じチームメンバーがどのような人なのか、どのような役割分担で仕事を進めているのかなどを整理することは、職場の働き方を考えるにあたって避けて通れないことです。正社員にも再雇用後の社員もいれば、育児・介護による時短勤務をしている人もいるでしょう。嘱託社員や契約社員などはその契約形態によっても正社員とは違う勤務形態になっていることもあります。また、全国転勤なのか地域限定職なのかなどの職種による違いもあるかもしれません。それぞれ役割や責任範囲、給与体系などが違います。特に、管理職は、それぞれのメンバーが適用される人事制度をもふまえ、適切に業務を割り振ることなどに心を砕くことが求められます。

2 ダイバーシティ～多様性が当たり前の時代

いまやダイバーシティ（多様性）という言葉は当たり前のように使われるばかりか、人事部のなかにダイバーシティの専門部署をもつ会社もあります。国の働き方改革の実行計画でも、女性や若者が活躍しやすい環境づくりや高齢者就業の促進、外国人材の受入れというテーマがあり、ダイバーシティへの推進が強く意識されています。

もともと個性や違いがあるのが人間であり、能力や経験も違います。違いを前提に協力して目的に近づくことが必要です。高度成長も終えんし、本来の標準偏差に近似してきただけ、「違いがあることが当然」という常識に変化しただけのような気もします。

就業規則や規程という面からも、ワーク・ライフ・バランス規程がある会社や「国籍・性別・年齢を問わずに人材を活用することで、ビジネス環境の変化に柔軟、迅速に対応できる」といったことを標ぼうする会社も少なくありません。

さまざまな違いをもつ人々がその違いを尊重しながら共生していくというダイバーシティの考え方が、頭でなく感覚や行動でも常識になるには時間がかかる面もあります。モデル就業規則はある意味変わる常識、変えるべき常識を反映する鏡ともいえます。

グローバル化や障がい者雇用義務の問題へ積極的な取組みなどもあり、年齢、性別、国籍、人種、障がいについては進んでいる一方、LGBT（性的マイノリティ）関連の具体的な対応など、企業の人事制度にもまだまだ課題があります。数年間で人事制度も大きく変わっていくだろうことを認識しておくべきでしょう。

3 「時間」の問題

1 みんな就業時間が同じとは限らない～タイムテーブルの作成

(1) 就業時間の多様性を受け入れる

同じチームメンバーにおいても、職種の違いや制度の活用によって就業時間が異なる人がいます。フルタイム勤務の人だけでなく、業務の繁忙時間である10時～16時まで出社する契約社員の人や、育児や介護のために時短勤務制度を活用している人がいることは珍しくありません。制度の活用にとどまらず、家庭の都合で残業できない状況にある人もいるでしょう。メンバーそれぞれの就業時間を前提に考えなければ、仕事の割り振りはできません。

残業になってしまう場合も、管理職が終わらない仕事をすべて引き受けるような体制は健全ではありません。規則やメンバーの状況をふまえた時間感覚をもちつつ、業務量を調整したり業務改善を行ったりすることが必要となります。

(2) 各人の就業時間を意識したタイムテーブルをつくる

就業規則等には、以下のように始業・終業時間や休憩時間が定められています。

始業・終業時刻	休憩時間
始業　午前＿9＿時＿00＿分	＿12＿時＿00＿分 から＿13＿時＿00＿分まで
終業　午後＿5＿時＿00＿分	

始業時間を例にとりましたが、本来は、始業・終業・残業・昼休みとその他のそれぞれの節目を考える必要があります。１つの流れ（≒タイムテーブル）として認識し、その節目を想定します。

銀行の支店を例に考えてみます。多くの支店は朝９時から15時まで営業しています。昼食休憩は、２交替制あるいは３交替制で運営しているところが多いでしょう。この昼食休憩のタイミングで、連携・引継ぎの悪さから顧客トラブルにつながることもあります。お客さまが目の前にいるなかでの調整は大変ですが、昼食休憩前に時間のかかる手続に手をつけて途中で代わってもらうということは避けたほうがよいものです。１日の時間割を頭に浮かべ、どの作業をいつ行うのかという意識をもって取り組むことが望ましいでしょう。

また、これは一人で考えるのではなく、メンバーそれぞれのタイムテーブルを共有するとチーム力は向上します。特にチームのなかに時短勤務の人、契約社員の人がいる場合は、人事制度や契約などにより勤務時間が異なります。各人のタイムテーブルを並べ、チーム全員で確認してみるだけでも、意識していなかった部分がみえてくるかもしれません（図表２－３）。

そして、アクションを共有あるいは予告しておくと、自分が気づいていないトラブルの芽にだれかが気づいて早めにフォローできるなど、さらなるチーム力向上につながります。だれかの担当業務が長引きみんなで残業になるということも減るかもしれません。特に、始業時間にだれにどんなことをしてほしいか、しておいてほしいかと

図表２－３　課内職員のタイムテーブル例

	課長の タイムテーブル	時短勤務社員Ａの タイムテーブル	嘱託社員Ｂの タイムテーブル	契約社員Ｃの タイムテーブル	
始業 8:50	出社		出社		開店前の準備時間は人で不足のため、前日にできることはしておく
開店 9:00		9:30 出社		10:00 出社	9:30までは２人体制。繁忙日は他課に応援要請
10:00 ～11:00					全員いる時間に集中して進める
昼休み① 11:00	昼休み		昼休み		休憩前後の引継ぎ
昼休み② 12:00		昼休み		昼休み	休憩前後の引継ぎ
13:00 ～15:00					全員いる時間に集中して進める
15:00 ～17:00		16:30 退勤		16:00 退勤	夕礼を全員いる時間に行い、明日の準備を行う
終業 17:10			17:10 退勤	17:00 退勤	

いうことを共有することは重要です。お互いに助け合うことを前提にした「共有」は、それぞれの行動の改善にもつながります。ただし、始業時間以前の準備が早出残業に当たらないかという問題があることは、認識しておくべきでしょう。
いずれにしても、このようなかたちで、負荷の見積り・計画性・優先づけ・コミュニケーションの円滑化などが実現できると、労働時間短縮により捻出した時間で改善へ取り組むことが可能になるという好循環が生まれます。

2 法律に定められた残業ルールを守る

(1) 法定外の残業は法律違反？～36協定

労働基準法には労働時間について以下の条項があります。

> 第32条　使用者は、労働者に、休憩時間を除き一週間について40時間を超えて、労働させてはならない。
> 2　使用者は、１週間の各日については、労働者に、休憩時間を除き１日について８時間を超えて、労働させてはならない。

法律は、１日につき８時間、１週間では40時間以上の労働を原則禁止しています。つまりは、この水準以上に働かせたら法律違反というわけです。では、私たちはなぜこの水準以上の残業ができるのでしょうか。
労働基準法36条には、32条の例外として、労使協定の締結と届出を前提に以下の時間（法定外）の労働を認めています。その届出が36条を前提としている労使協定であるため、「36（サブロク）協定」と呼ばれています。

> 第36条　使用者は、当該事業場に、労働者の過半数で組織する労働組合がある場合においてはその労働組合、労働者の過半数で組織する労働組合がない場合においては労働者の過半数を代表する者との書面による協定をし、これを行政官庁に届け出た場合においては、(中略)その協定で定めるところによつて労働時間を延長し、又は休日に労働

させることができる。

労働基準法は労働者保護の法律と前述しました。その観点から一定の時間以上は働かせないことが原則であり、この基準以上に働かせた場合には、企業に対し懲罰的な意味も含め、以下の率で賃金を割増せよ、とも定めています（図表２－４）。

始業時間が９時、終業時間が17時、休憩１時間の場合、就業規則などから所定労働時間は（(終業時間－始業時間)－休憩時間）により７時間となります。以下は、23時まで残業した場合の割増賃金のイメージです（ただし、週40時間の制限は考慮していません）（図表２－５）。

単純に考えれば、仮に法定時間外の能率が１割高くても、コストは上昇するため生産性向上にはなりません。「時間外手当」は労働条件として決めている時間以上の労働部分やその対価です。そして８時間を超える労働時間は、労働基準法上は残業でなく「法定時間外労働」という概念であり、そこに違いがあります。生産性向上という観点からも「残業」「法定外労働時間」をしっかり区別すべきでしょう。

図表２－４　時間外労働等に対する割増賃金の率

時間外労働（法定外）	２割５分以上※
休日労働	３割５分以上
深夜労働	２割５分以上
休日労働＋深夜労働	６割以上
時間外労働＋深夜労働	５割以上

（注１） 深夜労働は午後10時から午前５時までの間の労働。
（注２） 休日労働は、労働基準法上の法定休日（企業・事業者が付与する原則として１週間に１日あるいは４週間に４日の休日）の労働に（休日労働）に対するもの。週休２日制度で、日曜が法定休日、土曜が法定外休日なら、日曜勤務が休日労働。
※１カ月60時間超の時間外労働については５割以上（中小企業は適用猶予中）

図表２－５　割増賃金イメージ

9:00　12:00　13:00　17:00　18:00　22:00　23:00

３時間	１時間	４時間	１時間	４時間	１時間
所定労働時間	休憩時間 (昼休み)	所定労働時間	時間外 **割増なし**	法定時間外 **２割５分増以上**	法定時間外 (深夜) **５割増以上**

（注） なお、一定の残業までを含めた賃金（固定残業代あるいは定額残業代）を労働条件とし、超過したら別途時間外手当を支払うという会社もあります。

図表2－6　厚生労働省告示で定める「時間外労働の限度時間」

（期　間）　（限度時間）	（期　間）　（限度時間）	（期　間）　（限度時間）
1週間・・・15時間 2週間・・・27時間 4週間・・・43時間	1カ月・・・　45時間 2カ月・・・　81時間 3カ月・・・120時間	1年間・・・360時間

また、手当を払えばいくらでも働かせてもいいのかといえば、そんなことはありません。厚生労働省の告示（平成10年）で時間外労働の限度時間が定められています（図表2－6）。「36協定届（時間外労働・休日労働に関する協定届）」を届け出る際には、延長をする理由や延長する時間を届け出ますが、法改正の適用前の36協定は原則この範囲内で定めています。

なお、今回の働き方改革関連法の改正によって、「勤務間インターバル制度」が設けられました。1日の勤務終了後、翌日の出社までの間に一定時間以上の休息時間（インターバル）を確保する仕組みです。十分な生活時間・睡眠時間の確保を目的として新設されました。2019年4月から施行となりますが、企業へは努力義務を求めているもののため、導入する企業はまちまちでしょう。この点、勤務先の制度変更がないか確認が必要です（第4章参照）。

⑵ 特別条項～36協定の時間内におさまらない場合

「これ以上働いている人もいるはずだけど」と思う人もいるでしょう。届け出た36協定の月間法定外残業45時間では足りないことがあります。特別の事情がある場合、特別条項を付した36協定の締結により、上限時間を超えての時間外労働ができることになっています。ただし、特別の事情の説明や限度を超える回数などや延長時間数の短縮に努めるよう求められています。

これまで、行政指導などがなされるケースもあったとはいえ、この特別条項により事実上、上限時間はありませんでしたが、「働き方改革」によって新たに上限が法制化されました。残業時間の上限は、月45時間・年360時間を原則とし、臨時的な特別の事情がなければこれを超えることはできません。月45時間は、1日当り2時間程度の残業に相当します。臨時的な特別の事情があって労使が合意する場合でも、年720時間以内、休日労働を含め月間100時間、限度超過が2カ月続く場合は月間80時間まで、法定時間外労働の限度とされました（図表2－7）。一時的な特別の事情

図表2－7　労働時間法制の見直し

【原則】	【特例（年間6カ月まで）】
月45時間 年間360時間	・年720時間以内 ・月100時間未満（休日労働を含む） ・2カ月から6カ月のいずれの期間も平均80時間（休日労働を含む）

によるものですが、慢性化すると、いわゆる「過労死ライン」といわれる水準となります。このため、原則である月45時間を超えることができるのは、年間6カ月までとされました。なお、この改正内容は2019年4月1日（中小企業は2020年4月1日）から適用されます。ただし、対象時間の初日を含む36協定から適用とすると猶予措置があるため、勤務先の36協定の確認が必要です。また、上記の数値等は、業種や変形労働制の採用などの状況により違うケースもあります。

労働基準法に初めて上限を明記し、違反した場合は罰則の対象とすることや事業者による労働時間の把握を義務化するよう法令に格上げされたということに意味があると考えます。慢性化を前提に回避できるかが問われるわけです。

4　多様化するワークスタイル

1　変形労働時間制とみなし労働時間制

(1)　柔軟な労働時間制度の法的根拠

各メンバーの「時間」を意識しながらチームで業務を進めていくことのポイントについて解説しましたが、いまは多様化するワークスタイルにあわせた柔軟な労働時間制度が採用され、時間のコントロールは複雑になってきています。柔軟な労働時間といわれる事項としてイメージされるものとして、「フレックスタイム制」や「裁量労働制」があります。労働基準法のなかでは、フレックスタイムは「変形労働時間制」（同法32条）、裁量労働制は「みなし労働時間制」（同法38条）のなかに規定があります。

図表２－８がその概要ですが、これらを①１カ月・１年・１週間単位の変形労働時間制、②フレックスタイム制、③事業場外のみなし労働時間制、④専門・企画業務裁量労働制の４つに分けて考えるとわかりやすいでしょう。

⑵ 変形労働時間制

１つ目が、１カ月単位・１年単位・１週間単位の変形労働制です。労働基準法では、原則１日８時間・週40時間が労働時間の限度ですが、一定条件のもと一定期間（１カ月以内・１年以内・１週間以内）のなかでの平均でクリアすることを容認するといったものです。

１カ月単位の変形労働時間制ならば、１日８時間・週40時間ではなく、一定期間のなかでの平均でクリアできるよう勤務時間をスケジュール化するものです。繁忙月は１日９時間、閑散月は７時間などの変動的な調整が可能です。１月週単位ならば、繁忙期の月末週は50時間、その代わりに第１・２週は35時間にするというようになります。金融機関でいえば決算期やボーナスによる繁忙期や、小売店舗ならば棚

図表２－８　変形労働時間制とみなし労働時間制

変形労働時間制（32条）	①	１カ月単位	労使協定または就業規則等において定めることにより、一定期間を平均し、１週間当りの労働時間が法定の労働時間を超えない範囲内において、特定の日又は週に法定労働時間を超えて労働させることができます。
		１年単位	
		１週間単位	
	②	フレックスタイム制	就業規則等により制度を導入することを定めた上で、労使協定により、一定期間（上限３カ月以内）を平均し１週間当りの労働時間が法定の労働時間を超えない範囲内において、その期間における総労働時間を定めた場合に、その範囲内で始業・終業時刻を労働者がそれぞれ自主的に決定することができる制度。
みなし労働時間制（38条）	③	事業場外みなし労働時間制	事業場外で労働する場合で労働時間の算定が困難な場合に、原則として所定労働時間労働したものとみなす制度です。
	④	専門業務型裁量労働制	専門業務型裁量労働制は、デザイナーやシステムエンジニアなど、業務遂行の手段や時間配分などに関して使用者が具体的な指示をしない19の業務について、実際の労働時間数とはかかわりなく、労使協定で定めた労働時間数を働いたものとみなす制度です。
		企画業務型裁量労働制	企画業務型裁量労働制は、事業運営の企画、立案、調査及び分析の業務であって、業務遂行の手段や時間配分などに関して使用者が具体的な指示をしない業務について、実際の労働時間数とはかかわりなく、労使委員会で定めた労働時間数を働いたものとみなす制度です。

（出所）厚生労働省のホームページをもとに筆者作成

卸しの時期の繁忙期に活用できるでしょう。なお、１週間単位の変形労働制は、小規模の旅館など土日に多忙となる場合などに活用されます。

「忙しいとわかっている時期は、所定労働時間を法令の上限以上にする代わり、ほかのところで調整する」という特例です。いわば業務の特性による繁忙の波を前提にしたもので、どちらかというと業務都合の問題点を解決する制度といえます。

2 フレックスタイム制とは〜柔軟な労働時間の模索

(1)「フレックスタイム制」とは何か

厚生労働省のウェブサイトによると、「フレックスタイム制」は「労働者がその生活と業務の調和を図りながら、効率的に働くことができ、労働時間を短縮しようとするもの」とあります。一定条件のもと、フレックスタイム制が「始業・終業時刻について、労働者がそれぞれ自主的に決定することができる制度」であり、ワーク・ライフ・バランスの観点からも利用できる裁量労働制としての性格をもつことを理解しておくべきでしょう。また、適用条件を同時に満たせないこともあり、ほかの変形労働時間制とフレックスタイム制を同一労働者へ同時に適用することはできません。

フレックスタイム制を導入する場合における就業規則（労使協定）の条項例は、以下のとおりです。

第○条　フレックスタイム制の対象従業員は、○○部に勤務するものとする。

第○条　フレックスタイム制における勤務時間の清算の期間は、毎月１日から末日までの１箇月間とする。

第○条　清算期間における所定総労働時間は、○○○時間とする。

第○条　１日の標準となる労働時間は、７時間とする。

第○条　フレキシブルタイム、コアタイム及び休憩時間の時間帯は次のとおりとする。

始業時間帯　７時から10時まで
コアタイム　10時から15時まで
終業時間帯　15時から20時まで

休憩時間　　　12時から13時まで

第○条　フレックスタイム制を適用することとした従業員の始業、終業時刻については、それぞれの時間帯において従業員が自主的に決定したところによる。

フレックスタイム制では、対象者や清算期間（労働時間の調整が可能な期間）のほかに、「コアタイム」と「フレキシブルタイム」を設定します。「コアタイム」は必ず労働する時間帯、「フレキシブルタイム」は労働者の裁量に任せる時間帯です。

なお、改正法により、2016年４月からは１カ月だった清算期間の上限が３カ月延長されます。

⑵ フレックスタイム制の趣旨

フレックスタイム制は、労働者の裁量による勤務時間の柔軟化であり、業務命令で勤務時間を変更したり、フレキシブルタイムに会議へ参加することを強制したりすることは、フレックスタイム制の趣旨に反します。以下の厚生労働省のウェブサイトのQ&Aのとおり、フレックスタイム制は労働者の「生活と仕事との調和を図りながら働くことが容易なものについて認めるもの」であり、労働者の自発性に基づくものではなりません。

【Q】フレックスタイム制の適用のある労働者に対して特定の日の始業、終業時刻を指定することはできますか。

【A】フレックスタイム制は、労働者の自主的決定の範囲が広く、生活と仕事との調和を図りながら働くことが容易なものについて認めるものであり、労働者に係る始業及び終業の時刻をその労働者の決定に委ねる労働時間制度であるので、フレックスタイム制の適用のある労働者に対し、特定の日の始業、終業時刻を指定することはできません。

例えば、１週５日労働の場合の４日についてだけフレックスタイム制を採用することとし、特定の曜日についてはフレックスタイム制を適用せず、その日に会議等を行い、通常の固定的な労働時間とするような、通常の労働時間制とフレックスタイム制の混合の形態については、先に述べたように法がフレックスタイム制を認めることとした趣旨に反し、認められません。
また、このような趣旨から、管理職が早朝出勤や残業を命ずることはもちろん、フレキシブルタイム中の会議、研修への参加命令もその開始時刻を指示する限り同様に許されないと考えられます。

なお、勤務時間を変更するケースには、就業規則などに「業務の都合上始業時間・終業時間を繰り上げるまたは繰り下げることがある」などの定めや、始業・終業時間の選択パターンなどの定めがあるなど、合理的な理由に基づく勤務時間変更であるケースが多いと思われます。

近頃では、「働き方改革」の一環として、スーパーフレックス制度を試行する企業もあります。コアタイムを設定せず、深夜労働の時間帯以外の5:00～22:00の間をすべてフレキシブルタイム（労働者の裁量に任せる）とするという制度です。金融機関のなかでも、支店でフレックスタイム制を導入した例もあるようです。

フレックスは労働者の裁量に任せる部分が多いゆえに、勤務がルーズになることや、働き過ぎ、管理の煩雑化などの懸念が指摘されているのもご存じのところかもしれません。そのような面も含め、業務命令との境といった概念的な部分や顧客対応、人員配備、タイムスケジュールや労務管理など、工夫や連携がより問われることになります。

3 みなし労働時間制

(1)「みなし労働時間制」とは何か

みなし労働時間制は、「事業場外みなし労働時間制」「専門業務型裁量労働制」「企画業務型裁量労働制」の３種類に分類されます（図表２－９）。

業務の性質などによっては、会社が時間管理を行うことが困難な場合や、時間管理を労働者に任せたほうが合理的な場合があることをふまえ、一定の条件（労使協定の締結など）のもと、時間管理を労働者自身に委ね、あらかじめ決められた時間働いたとみなすのが「みなし労働時間制」です。

業務の性質が起点であり、労務管理の軽減の観点も強いと感じていますが、労働時間の管理や残業代の支払（含む割増賃金）の必要がないというのは誤解で、みなし労

図表2－9　みなし労働時間制の対象と方法

	対象者・対象業務など	労働時間のみなしの方法等
事業場外みなし労働時間制	出張や外回りの営業のように事業場外での業務 使用者の具体的な指揮監督や時間管理が及ばず事業場外での労働時間の全部または一部について労働時間の算定が困難になる場合	所定労働時間労働したものとみなす、あるいは、その業務の遂行に通常必要とされる時間(労使協定などに定める)労働したものとみなされる
専門業務型裁量労働制	業務遂行の手段および時間配分につき具体的指示をすることが困難な一定の専門的な職種の労働者 ① 研究開発又は研究の業務 ② 情報処理システムの分析・設計 ③ 新聞・出版等の事業における取材・編集の業務 ④ デザイナー ⑤ プロデューサー・ディレクター ⑥ コピーライター ⑦ システムコンサルタント ⑧ インテリアコーディネーター ⑨ ゲーム用ソフトウェア開発 ⑩ 証券アナリスト ⑪ 金融工学による金融商品の開発 ⑫ 大学における教授研究の業務 ⑬ 公認会計士 ⑭ 弁護士 ⑮ 建築士 ⑯ 不動産鑑定士 ⑰ 弁理士 ⑱ 税理士 ⑲ 中小企業診断士	実際の労働時間数とはかかわりなく、労使協定で定めた労働時間数を働いたものとみなす
企画業務型裁量労働制	本社・本店である事業場などで経営の中枢部門で企画・立案・調査・分析業務を自律的に行っているホワイトカラー労働者 業務遂行の手段や時間配分などに関して使用者が具体的な指示をしない業務	実際の労働時間数とはかかわりなく、労使委員会で定めた労働時間数を働いたものとみなす (労使委員会での5分の4以上の多数決決議と届出が必要)

働時間以外の勤務や休日勤務などの時間外手当などは当然発生します。また、法令上、労働者の健康や福祉についての配慮や措置も求められています。

なお、労働時間に関する「みなし」とついた言葉に「みなし残業制」があります。法令に定められた言葉ではありませんが、一定の残業代（定額残業代（固定残業代)、たとえば月20時間分の定額割増賃金）を含めた給料を支給するという労働条件によるものです。もちろん、それ以上の残業に対する時間外手当は支払われることになります。

⑵ 事業場外みなし労働時間制

事業場外みなし労働時間制は、事業場外で労働する場合で労働時間の算定が困難な場合に、原則として、所定労働時間、あるいはあらかじめ決められた時間働いたとみなす制度です。

金融機関でいえば、営業担当などが朝自宅から取引先に直行し15時に帰社するような場合の外出時間帯が対象になると考えられます。ただ、外回りの営業などについては、事業場外みなし労働時間制の要件としての「使用者の具体的な指揮監督や時間管理が及ばない」ことの点に関する充足が、議論されています。

行政解釈（昭63．1．1基発1号（3.労働時間の算定 ⑴．事業場外労働に関するみなし労働時間制　ロ．事業場外労働の範囲））は、以下のようなケースは該当しないとしています。

- 何人かのグループで事業場外労働に従事する場合で、そのメンバーの中に労働時間の管理をする者がいる場合
- 無線やポケットベル等によって随時使用者の指示を受けながら事業場外で労働している場合
- 事業場において、訪問先、帰社時刻等当日の業務の具体的指示を受けた後、事業場外で指示どおりに業務に従事し、その後、事業場に戻る場合

この行政解釈自体、1988年（昭和63年）のものです。いまはスマートフォンなどで報告や指示のやりとりがしやすくなり、位置情報で所在も確認できるような状況にもなっていますから、さらに対象外となる可能性が高まっています。過去の判例でも、「みなし」による時間外労手当の不払いといった判断がなされているケースがあります。事業場外みなし労働時間制は、情報ツールなどの未発達な社会における過去の遺物のような感もあります。むしろ、労働時間の把握といった時間の観点よりも、テレワークなどによる「どこで働くか」の観点で考えるほうがよいかもしれません。

4 裁量労働制

⑴ 「専門業務型裁量労働制」「企画業務型裁量労働制」

裁量労働制には、「専門業務型裁量労働制」「企画業務型裁量労働制」の２種類ありますが、あくまでどちらも「みなし裁量労働制」です。裁量という言葉が入っていますが、目線や出発点は使用者側にあるようにもみえます。

２つとも、「業務の遂行手段ならびに時間配分につき具体的指示をしない」ということが前提であり、労働時間と成果が必ずしも連動しない業種・職種では「成果よりも長時間働いている人のほうが給料は高い」という不公平感をなくすことができるといったメリットがいわれています。

裁量労働制は、特定の職種や業務を担当する労働者についての制度です。「専門業務型裁量労働制」は、デザイナーやシステムエンジニアなど、業務遂行の手段や時間配分などに関して使用者が具体的な指示をしない19の業務が対象であり、「企画業務型裁量労働制」は、事業運営の企画・立案・調査及び分析の業務であって、業務遂行の手段や時間配分などに関して使用者が具体的な指示をしない業務の職務や担当が対象です。

なお、「働き方改革関連法案」では、この裁量労働の対象を拡大することについては見送られました。

⑵ 高度プロフェッショナル制度

今回の労働基準法の改正によって特定高度専門業務・成果労働制（高度プロフェッショナル制度）が創設されました（同法41条の２）。こちらはそもそも労働時間の概念がありません。対象者は、たとえば金融商品の開発業務やディーリング業務、企業やマーケットの行動など分析を行うアナリスト業務、事業計画や企画に携わるコンサルタント業務、研究開発業務といった高度専門職であり、年収が1075万円以上の高所得者で、希望する者です。脱時間給制度として、労働基準法の労働条件の規定にこだわらない働き方を志向するものです。

専門業務型裁量労働制の対象業務と高度プロフェッショナル制度の対象業務に重なる部分があると思われます。しかし、両者の性質は異なるものであり、高度プロフェッショナル制度は36協定などの労働時間規制からはずれますが、裁量労働制は労働時間の規制がないわけではありません。

5 無期転換ルール

1 2019年４月から本格化～法改正から５年

「働き方改革」の進捗と期をあわせるように、有期労働者の無期転換が本格化します。労働契約法の改正により、2013年４月契約以降の有期労働契約が、更新などを経て５年経過すると、一定の条件のもとで無期労働契約へ転換されることになったものです。

対象となる条件の１つ目として、「１回以上継続を経た、通算で５年を超える有期労働契約が契約の期限を迎える」という条件があります。たとえば、2013年４月に契約を開始し、契約期間が１年単位の場合、2013年以降の契約が通算で５年超となる2019年４月以降の契約が対象になります。

2013年４月からの契約で３年契約を繰り返してきた場合も、通算５年超の対象となる2019年４月からが対象です。もし、2014年４月から契約を繰り返してきた場合は、2020年４月からのが対象になります。契約の満了時点で通算５年超になる契約の次の契約からが変換の権利発生となるからです。

なお、契約が途中で中断している場合にも、その期間の応じ無契約期間以前の通算契約期間が１年未満の場合は、図表２－11の表の左欄「通算の対象となる有期労働契約の契約期間」の区分に応じて右欄の「契約がない期間」がある場合に、当該無契約期間以前の契約期間は通算されないとされています。たとえば、１年契約の間に中断していた期間が６カ月未満なら通算できるということになります。

対象となる条件の２つ目は、労働者からの申込みを必要とすることです。申込みが可能になるタイミングは、解約の満了時に通算５年を超えることになる契約が始まった以降になります。３年契約の更新を行った場合は、２回目の３年契約の期間中ということになります。

条件の３つ目は、無期労働契約への転換後の労働条件（職務・勤務地・賃金・労働時間など）を同一にすることです。別段の定め（労働協約、就業規則、個々の労働契約）がない限り、直前の有期労働契約と同一になります。

なお、定年後に有期労働契約で再雇用された労働者については、無期契約転換ルールの適用の対象にはならず、５年経過後の有期労働契約の申出はできないことになっています。

図表２－10　無期転換ルールの概要

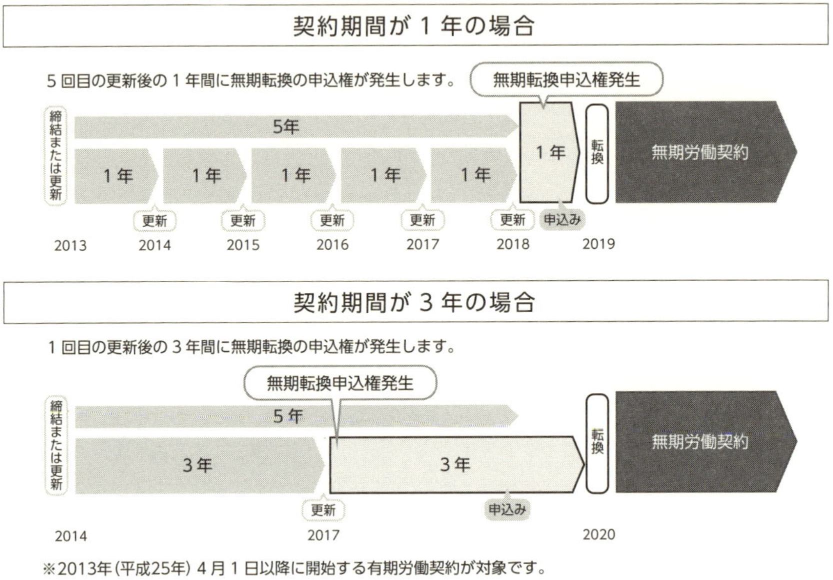

（出所）　厚生労働省「有期契約労働者の無期転換ポータルサイト」
http://muki.mhlw.go.jp/

図表２－11　無期転換の対象外となる無契約期間の月数

通算の対象となる有期労働契約の契約期間	契約がない期間
２カ月以下	１カ月以上
２カ月超～４カ月以下	２カ月以上
４カ月超～６カ月以下	３カ月以上
６カ月超～８カ月以下	４カ月以上
８カ月超～10カ月以下	５カ月以上
10カ月超～	６カ月以上

（出所）　厚生労働省「無期転換のためのハンドブック」

2 無期転換ルールにどのように対応するか

対象となる労働者が部下などにいるのであれば、申出があることを視野に入れ、対応方法を早めに考えておく必要があります。また、受入れ後の労働条件は同一との前提ですが、本人の意向などもふまえた検討なども必要でしょう。働き方改革のなかでも、「非正規社員の正社員化などのキャリアアップ」という取組みがあげられ、キャリアアップ助成金などの充実も図られています。ただ、「正社員化」は本人の意向でないことがありえます。現場でいなくなっては困る契約社員などへ、意向確認や労働条件の変更などへの対応を早めに行うことは不可避でしょう。場合によっては、無期雇用の申込み権が発生する前に雇止めを選択せざるをえない場合があるかもしれません。その場合は、雇止めの理由の合理性など、雇止めに関するルールを確認する必要があります。

POINT

- 現場で働き方改革の取組みを検討するにあたっては、社内の人事制度を再確認しておこう
- 法令などで変わりやすい人事制度を把握するためにも、労務管理の基礎的な知識を身に付けておこう
- 時代の変化をとらえ、多様化するワークスタイルを理解しよう

コラム 職場の原則や常識としての就業規則～新人教育

いまから10年ほど前、私が銀行子会社の事務センターにいた時のことです。配属された新入社員への研修プログラムの１つとして「就業規則等の読合せ」という時間を設けました。社会人になった第一歩として、会社員のルールを認識してもらうことがねらいです。就業規則や規程のコピーを配布し、私の解説を挟みながら読んでいきました。特に、服務の項目や労働時間・休暇の項目を中心に、労働法との関連性も含めて解説しました。ただの読合せは眠気も誘うので、意見交換の時間も取り入れ、実際の有給休暇の取得タイミングを先輩から話してもらうなどしました。新入社員のOJTノートには、「社会人としての心持ちや働く場のルールを常に意識したい」「これからの社会人生活で経験するだろういろいろな場面での対処の拠り所になりそう」といった感想がありました。さらに、OJT指導者や管理者のコメントのなかにも、「私も自分が働いている根拠や意識していなかったルールがあると知りました。私もルールを意識して働けるようにします。一緒に頑張りましょう」などと書かれていました。就業規則は働き方のベースになるものです。読合せは共通認識をもつ機会となり、チーム力のアップにつながります。

第3章

組織運営

1 組織とは

組織は、適切に運営され、メンバーの活力を引き出せる状態にあることが必要です。ところで、「組織」とはいったいどのようなものを指しているのでしょうか。経営学者のチェスター・バーナードは、組織は「二人以上の人々の意識的に調整された活動や諸力の体系」であると定義しています（C.I.バーナード著、山本安次郎、田杉競、飯野春樹訳『新訳　経営者の役割』ダイヤモンド社）。「体系（システム）」という言葉が使われているのは、組織が継続的・体系的な活動を伴うものであるとの理解に基づくものです。また、組織の成立には、①共通目的、②貢献意欲、③コミュニケーションの３要件が必要としています。

現場での「働き方改革」を考える際にも、自身が属する組織がどのような状況か、自分の認識と周りの認識が同じか、この３つの要件から考えてみるとよいでしょう。

1 共通目的

プロ野球観戦を例にとると、球場に野球観戦に来る観客は同一の場所に同じ時間帯に集結するとはいえ組織とはいえません。贔屓《ひいき》のチームが違う人たちがおり、なかには応援でなく生ビールを飲みに来ているだけの人がいるかもしれません。観客全体に共通目的があるわけではなく、継続的な活動でもありません。一方、応援団は特定のチームを応援するという共通目的をもった人々で構成され、継続的な活動を行っているので、組織であるといえます。

自身が属する組織にも企業理念や目標といった共通目的があるはずです。自分を含め、自分が属する組織の構成員が、組織の目的を理解しそれぞれの立場や担当業務の範囲で、その目的への意識やそれをふまえた行動を実現できているか考えてみましょう。

2 貢献意欲

先ほどの応援団の話でいえば、応援団にいる人々は、「優勝」という共通目的のために好きなチームに貢献したいという意欲をもっています。企業組織に置き換えても、貢献意欲は協業への意思につながっているはずです。チェスター・バーナードは、「貢献意欲をもつためには、それを引き出す『誘因』が必要であり、誘因には経済的なものと非経済的ものがある」としています。応援団なら、贔屓のチームの勝利という非経済的誘因が考えられますが、企業組織においては、報酬などの経済的誘因、そして働きがいなどの非経済的誘因があるでしょう。それらのいずれか、あるいはどのような組合せが貢献意欲と協業意思の実現に寄与するかの模索も大切です。

3 コミュニケーション

「風通し」という表現がありますが、どちらかというと縦の関係、特に管理者と部下の関係で使うことが多いでしょう。いわゆる垂直的コミュニケーションです。管理者などが目標や施策などを部下に周知・浸透させ、それに基づく行動を促す。そして、継続的にその状況を把握し状況を共有し、さらに改善していく。いわばPDCAを組織的に回せる状況をつくることは必要であり、横の関係も同様です。

コミュニケーションにおいては「アサーティブ」（相手も自分も尊重）・「双方向での確認」など基本の徹底が大事です。自分自身でチェックする心がけが必要です。

2 活力を引き出せる組織づくり

1 共通目的を意識して動ける、貢献意欲を感じられる組織

部や課やグループといった運営の単位では、組織の成立要件（共通目的・貢献意欲・コミュニケーション）の状況次第で組織運営の良し悪しが決まるといえます。そしてそのカギとなるのは、運営の中心である管理者でしょう。

管理者の皆さんは、毎年あるいは毎期の初めに管理する組織の目標を設定し、目標達成に向けて管理を行っていると思います。もちろん上位の組織（事業部など）が決定した目標を達成するための道程の考察や試行錯誤もあるでしょう。

通常、目標管理の過程では、「設定→周知→実行（ローリングを含む）→結果振返

り・評価」といった工程を進みます。しかし、最初の目標設定やその周知、中間ローリング、そして最後の結果の結果振返りや評価といった「点」での対応はしっかりやっているけれど、点と点の途中については野放図という組織も少なくないのではないでしょうか。当然「点」の対応は大事で不可欠ですが、目標達成へ向け日常からPDCAを働かせるといったその間の「線」の部分も大事になります。共通目標を常に意識すること、そして共通目標をふまえた行動ができるように管理職がナビゲートしていく必要があります。

その際には、わかりやすい課題共有、ボトムアップでのアプローチ、わかりやすい目標づくり、全員参加型あるいは責任の明確化、主役感をもつための工夫、楽しみの実感を得る進め方、本気度の伝達などといったことが大事になります。

私が実践した事例をご紹介します。

【事例１】貢献意欲につなげる全員参加型施策「行動様式と意識の刷込み」

以前、私がいた銀行の事務センターは約200人の大所帯でした。目標へ向けての意識や行動を全員にもってもらえるよう努めました。

期初の部の目標づくりにおいては、人員配備・事務コスト・事務ミス防止・人材育成など多岐にわたる項目の大枠を示したうえで、各課長から事務ミスの防止などの項目ごとの目標をあげてもらいます。その際には、必ず課内での検討を経るようにお願いします。もし、部や課の目標やアクションプランに自分の意見などが反映されれば、モチベーションもあがり、組織の目標を自分のこととして考えるようにもなります。

さまざまな考えをもった者が共通目的をもつことは大変なことであり、実行に移し定着化させるためには相当な工夫が必要です。そこで、オリジナルで考えた意識・行動指針となる「753運動」を展開しました。

７は「7S」のことです。「7S」とは、整理・整頓・清掃・清潔・しつけ・施錠・守秘、つまり、よくいわれる「5S」に銀行業務の基本となる机の施錠や守秘義務の意識をプラスした、基本に戻ろうという取組みでした。そして、５は「5K」のことです。「5K」とは、気遣い・会話・確認・書留め・考える、です。これは、コミュニケーション不足の回避を目指したものです。最後の３は「３気」、やる気・勇気・根気です。

そして、この「753」の意識や行動が常に行われるように、内容を説明文にしたものを配布し各課で読合せをしてもらい、大きな張り紙にして柱や出入口に張り付け、常に「753」を確認できる状態をつくりました。また、月次の朝礼でも関連する事項とともに必ず言及していました。結果、流行語のようにすんなり受け入れられ、無意識の意識に落とし込む刷込み効果を発揮し、浸透していきました。

項目・段階			内容・定義等	期待できる効果など
7S	職場環境の向上と情報管理理動	整理	必要な物と不要な物を分け、必要なものを保管し、不要な物を捨てること。	問題意識が高まります。 計画と実践の力がつきます。 レベルアップと達成の実感を味わえます。
		整頓	必要なものの置き場所、置き方を決め、表示を確実に行うことで、すぐに取り出せるようにすること。	
		清掃	掃除をして、ゴミ、汚れのないきれいな状態にすると同時に、細部まで点検すること。	きれいになることで、気持ちよく仕事ができ、さらに問題点が見えてきます。
		清潔	整理・整頓・清掃を徹底して実行し、汚れのないきれいな状態を維持すること。	状態を保つための工夫が生まれたり、連帯意識の高まりにつながります。 また、すぐに汚れるところ（問題点）がみえてきます。
		しつけ	決められたことを決められたとおりに実行できるよう、習慣づけること。	習慣づけで、良い状態を保ちます。また、習慣づかない問題を明確にし、解決を図れます。
		施錠	自分の机やキャビネットの鍵をかける習慣をつけること。	情報管理の意識と行動が習慣化し、重大事故の回避にもつながります。
		守秘	会社やお客さまの情報・秘密を重大なものとし、大切に扱い、守ること。	
5K	コミュニケーションをよくする意識・行動	気遣い	きちんと相手に伝えようとする気持ちやどうすれば伝わるのかといった心遣い（技術は二の次）。	聞く心構え、相手の立場に立った行動ができるようになり相互理解が進みます。
		会話	伝えるための努力と行動を言葉で実践します。	充分な伝達をするスキルの向上や聞いて理解しようとする努力で理解力も高まります。
		確認	正しく伝わったのか、あやふやな理解ではないのか、お互いの認識を相互確認します。	内容だけでなくポイントを確認したり、頭の整理にもなります。また、相互の意識や理解を高め、信頼感が高まります。
		書留め	大事なこと、間違えやすいことはメモを活用。メモで渡す、メモをお互いにチェックするなど確認の道具としても有用。	正しく伝わったか、正しく理解できたか、を確実に確認できます。 また、時間が経ってからも再確認できます。

		考える	連携結果をふまえた行動にあたり、もう一度「大丈夫？」と考えてみること。場合によっては、もう一度確認します。	情報が正しく連携されているかをチェックでき、これからの行動の正当性を考察できます。
3気	各人の心の基本スタンス	やる気	前向きに、がんばろうと思って取り組むこと。	仕事の成果が変わってきます。 周りのモチベーションアップや職場の活力につながります。
		勇気	当たり前を当たり前にやろうと思うこと。 どんな状況でも落ち着いて取り組むこと。 おかしいと思ったら、遠慮せずにいうこと。	責任感が高まり、有事の対応力があがります。 平常心・セルフコントロール力が高まります。
		根気	何とかやり遂げようという気持ちとその取組み。	使命感が芽生え、粘る力がつきます。

【事例２】ヒューマンエラー研修

事務ミスの原因としてよくあげられるものに「ヒューマンエラー」があります。ヒューマンエラーは仕方ないとすませるのではなく、限りなく減らすことはできるはずだと考え、あらゆる施策を検討しました。その１つとして、「自分が間違えること、その間違え方を知れば、自らコントロールできるようになるはず」という考えのもと、ヒューマンエラーを体験し、どうすればヒューマンエラーを回避できるかを考えてもらう研修を実施しました。

具体的なポイントは以下のとおりです。

① 自分を含む「人間」を認識する

・錯視・錯覚は万人にあり、体調によっても変化する

・人間の持続力は短い

・罠にはまりやすい

② 回避すべきこと

・「思い込み」……………………○○であるはず

・「願望」…………………………○○だったらな

・「固定観念」……………………○○は○○だ

・「盲目的な信用・信頼」……○○さんなら大丈夫　など

③ 必要なこと

・自分を知ること（本質・現状）……自分はここが苦手、間違いやすい。今日

は体調が悪いなど

・視覚の観点からの工夫……「区切って区切って」「中心を動かしてみる（流し目厳禁）」など

・「酸欠にならない（呼吸を止めずに・深呼吸）」……眠くなったら休憩するなど

・「指差して」「声出して」 など

以上のポイントをふまえた研修メニュー例をご紹介します。

① 導入クイズ（短時間で引っかかりやすいクイズに挑戦）
直感やせかされての結論のいい加減さ

② 食事のメニュー（昨日・１週間前の食事内容を思い出す）
記憶のあいまいさ・思い出しのむずかしさ

③ 伝言ゲーム（間違えやすい言葉などを使用し、どう間違えるか確認）
・聞き違い・耳からの情報への思い込み
・耳と口の連携（伝えること）のむずかしさ
・瞬時の記憶のあいまいさ・難易度での違い

④ 文字の繰り返し（表に「む」と「お」を繰り返し書いているとなぜか間違う、一部だけを逆に書く）
・単純作業での疲れ・間違い
・少し難度をアップすると精度が低下する

⑤ 声を出しての文字読み（色のついた文字（青・赤など数字を「色で読む」「文字で読む」）
・思考と行為のアンマッチ
・頭のなかの情報転換のスピード感
・自分のリズムではないときの間違い

社員の区分によらず、数回に分けて研修を実施し、ほぼ全員の所属員に研修に参加してもらいました。体験者のほとんどが「自分はミスをする可能性がある」という意識をもつきっかけになりました。また、部下や後輩はミスをすることがある、上司や先輩もミスをすることがある、という意識づけにもつながりました。共通の認識をもったことによって、自分の作業は慎重になり、他者の作業のチェックも慎重になったことで、事務ミスは格段に減りました。

2 コミュニケーション① ～朝礼

⑴ 朝礼のメリット

私は、日々の朝礼を重視していました。その理由はいくつかあります。まずは、朝礼でぐるりとみんなの顔をみると、所属員のその日の体調などもわかります。そして、目覚まし効果です。「おはようございます」「いらっしゃいませ」「ありがとうございます」の唱和だけでも脳の活性化になります。これは大げさではなく、ヒューマンエラー撲滅の施策にもなります。さらに脳の活性化のための指先運動などもやっていました。

また、節目を意識する効果もあります。その日の業務の予定を確認し、目標の帰宅時間などを相互共有すると、周りの人や他の課への応援といった運営に対する意識も現れてきます。さらに、夕礼で状況をチェックすることとセットにすると、翌日の計画を立てるときのヒントとなり、効果的なPDCAサイクルを回していくことができます。

⑵ 朝礼での注意点

朝礼は、その日と今後の注意事項などの徹底に有効です。ただ、伝え方に注意が必要です。

投資信託の計理処理・基準価額の計算を行う業務の担当課で課長代理をしていた時のことですが、私の話があまりに長すぎたことで、新人の女性が貧血を起こし倒れてしまったことがあります。救急車も呼ぶ事態になったその時のようすは、いまでも私の頭のなかでスローモーションのように思い出されます。私は、朝礼を重視し節目の意識や伝えるべきことを余すことなく伝えるのが朝礼の場だと思っていました。目的と効果の関係への考慮が浅かったことや伝え方の工夫が足りなかったと反省した出来事でした。その時の経験もふまえ、日々の定例の朝礼での話は５分以内（できれば３分以内）、節目での業務目標の説明などの時間がかかる場合は座ってもらうなど工夫をしました。

また、しっかり話をしたつもりでも、伝わっているかどうかは別問題です。伝達効果は何に左右されるのかを考えたところ、最終的には「わかりやすさ」の追求に至りました。日々の朝礼にかかわらず、組織の運営への効果を考えた場合には、伝わるメッセージが必要です。

⑶ 朝礼の場にいない人への連携も必要

時短勤務やフレックスタイム制など、勤務体系や職種の多様化により、みんなの出社時間がまちまちになっていることもあるでしょう。また、テレワークや事業外勤務などにより異なる空間にそれぞれいるところもあるでしょう。多様化する勤務体系や業務の状況などに応じて、メール・連絡ノート・掲示板や個別の人的なコミュニケーションなどをうまく組み合わせながら朝礼の内容を伝えていくことが、組織運営をスムーズにするということを忘れてはなりません。

3 コミュニケーション② ～声かけ

⑴ 業務上の注意点が間違って伝わったら……

朝礼は公式なコミュニケーションの１つです。朝礼で伝えなければならないことをどうやって確実に伝えるかという工夫は大事ですが、残念ながら全員が集中して聞いているとは限りませんし、そのときは理解したとしても忘れてしまうこともあります。

業務上の注意が間違って伝わったら最後です。管理者はその伝達が正しく伝わっているかを確認する役目もあります。その際にはシンプルに「声かけ」が必要でしょう。相手・内容・状況などを十分考慮して、みんなに聞こえるようにいうのか、逆にその人だけにいうのかを見極める必要もあります。みんなにも聞こえるようにいうことで場合によっては恥をかかせることになることもありますし、逆にみんなに聞こえるようにいうことで確認範囲を広げることができることもあります。

⑵ タイミングを選びさりげなく平等に声をかける

私は、元気がなさそうな所属員がいたら、まず「元気かな？」「体調どう？」などと声をかけ、電車などの遅延により遅れて出社する人がいたら「お疲れ」と声をかけることを履行していました。特に交通事情で遅れてきた所属員は引け目を感じていることがあります。その心情を取り払わないとミスにつながることもあるからです。

そのほかにも心がけていたこととして、まず、朝はウロチョロして雑談することにしていました。職場のレイアウトや物の置き場所が変わっていれば「あれ、これ変わった？」と話しかけ、夕方もウロウロして「今日はどう？　何時ぐらいになりそう？」などと声をかけていました。日常のコミュニケーションが当り前になります。管理者がコミュニケーションの確保に努めている姿勢は部下の働く意欲にも影響します。もちろん、声をかけられるほうは手を止め注意を向ける必要がありますので、必要性と繁忙状況などを見極めることが大切です。

そして、上から目線での声かけはご法度です。また、気をつけるべきことは、みんなに平等に声をかけることです。キーマンにしか声をかけない管理者がよくいますが、これは組織の雰囲気を悪くする一因となります。

⑵ 一歩先の声かけ

私は、「明日休みです。よろしくお願いします」といわれる前に「明日休みだよね」と声をかけるなど、一歩先に声かけることにしていました。管理していることをわかってもらうことはもちろん、管理者として休みのとり方を把握することは、その人がどんな状態で休み明けに出てくる可能性があるかを考え、業務上のリスクの想定をすることにもつながるわけです。出社した際に「よく休めた？」などと聞けるとさらによいわけです。これらを積み重ねていくと話しやすい関係性ができあがります。産休の申出なども話しやすくなるはずです。

現場の人事管理には、普段からの信頼関係の構築（ラポールの形成）が必要です。特に非公式なコミュニケーションの量が信頼関係の強さに大きく影響します。また、声かけによってその信頼関係の状態を確認することにもなります。信頼関係の構築が相乗効果を生むことが理想です。

3 組織における「休暇管理」の問題

1 「休み」を管理すること

管理者は、いわゆる「休み」により就業の場にいない（テレワークなどの別な場所にいる場合は除く）人がいる状況での現場運営を維持するため、「いつ休んでもらうのか」「いつ休まないでもらうのか」、繁閑・配員・残業の状況など考慮し、「休み」を組織運営上どう管理するかを考えなければなりません。適切な組織運営を遂行するにあたっても、休暇管理の問題は大きなポイントです。各所属員にとっては、ワーク・ライフ・バランスの観点からも「いかに休むか」ということは常に考えておく必要もあります。

休暇等の制度自体は時代とともに変わり、出産・子育て・介護などの制度の拡充が進んでいます。法令に定められた休暇などの水準以外の上乗せを行うなど、特別休暇に独自のものをつくるなどの企業もあるようです。サバティカル休暇（一定期間の勤務をした労働者に付与される長期休暇、長期の研修休暇としていることもある）や定年退職を控えた層への転身支援休暇となどといった制度がある企業もあります。

有給休暇の取得の義務化といった法改正などにより、管理者には、「部下にどう休んでもらうか」を積極的にマネジメントすることが、これからは必要になってきます。プライベートの開示というむずかしい点があるとはいえ、「休む」ことについてハンドリングすることが求められます。そのためにも、休暇に関する法令や勤務先の規程について理解し、管理・運営方法について検討することが大切です。

2 「休憩」「休日」「休暇」「休業」「休職」

通常「休み」といえば有給休暇を指すことが多いでしょう。しかし、法令（労働基準法など）や社内の人事規程などで定められている「休み」に当たるものとしては、「休憩」「休日」「休暇」「休業」「休職」などの言葉があります。これらの言葉の正確な意味を理解しているでしょうか。違いを再確認しておきましょう。

① **休憩**

労働基準法34条には、付与すべき休憩時間として、労働時間の途中に、労働時間6時間超なら少なくとも45分、8時間超なら少なくとも1時間としているほか、一斉付与の原則や自由利用が必要と定められています。なお、一斉付与については、困難な場合に適用除外できる事業が定められており、その対象に金融も含まれています。これにより、昼休みを交替でとることができます。このように、休憩は法で定められた事項ですから、昼休み中の部下に「電話番をよろしく」などと気楽にいうようでは問題です。組織運営にとって昼休みの管理は重要です。就業規則などもしっかり確認しておくべきでしょう。

② **休日**

休日とは、労働の義務がない日のことをいいます。労働基準法には以下のとおり定められています。

> 第35条　使用者は、労働者に対して、毎週少なくとも1回の休日を与えなければならない。
> 2　前項の規定は、4週間を通じ4日以上の休日を与える使用者については適用しない。

また、就業規則等には以下のように定められているはずです。

> （休日）
> 1．休日は、次のとおりとする。
> ① 土曜日および日曜日
> ② 国民の祝日（日曜日と重なったときは翌日）
> ③ 年末年始（12月○日～1月○日）
> ④ 夏季休日（○月○日～○月○日）
> その他会社が指定する日
> 2．1週間に2日以上の休日がある場合には、1日を法定休日としその他の日を所定休日とする。

労働基準法上の「1週間に1回あるいは4週間を通じ4日以上」の休日は法定休

日、その他は所定休日（法定外休日）といわれています。就業規則などで特定することが好ましいとの指導もあり、多くの企業では「法定休日は日曜日」などと定めていますが、法令上の割増賃金の扱いが異なりますので、法定休日を確認しておきたいところです。一般的には、両者を明確に区分せず休日勤務などといいますが、法令上の割増賃金の適用は、法定休日に出勤した場合は休日労働（35％増以上）で扱われ、所定休日にした場合で１日８時間・１週間の労働時間が40時間を超えた時間は時間外労働（25％増以上）と扱われます。

③ 休暇・休業

休日が労働の義務のない日であるの対し、本来仕事をしなければならない日だが、その労働を免除する日が休暇・休業です。法も休暇と休業の違いを定義しているわけではないようですが、休業は業を休むという意味で長期間というイメージがあります。

労働基準法などに定められた休暇・休業（図表３－１）のほかに、就業規則などにリフレッシュ休暇・ボランティア休暇・慶弔休暇などやその他の特別休暇などがあれば、独自に定めがあるはずです。なお、年次有給休暇以外は有給・無給が別途定められているはずですが、基本「ノーワークノーペイ」のところが多いと思います。た

図表３－１　法律で定められた休暇・休業

休暇・休業	根拠法	概略
有給休暇	労働基準法	６カ月の全労働日の８割以上出勤の場合に10労働日の付与。 さらに６カ月経過日から起算した継続勤務年数に応じた日数（右表）を加算 （最大６年超で10日・計20日） １年：１労働日／２年：２労働日／３年：４労働日／４年：６労働日／５年：８労働日／６年以上：10労働日
生理休暇	労働基準法	生理日の就業が著しく困難な場合、時間単位での取得も可
公民権行使のための休暇	労働基準法	公民権の行使（裁判員を含む）のための休暇
子の看護休暇	育児介護休業法	病気・けがをした小学校就業前の子の看護のための休暇（年５労働日・子２人なら10労働日まで）
産前産後休業	労働基準法	出産前６週間（請求の場合）・出産後８週間（請求有無は問わず６週間は必須）の休業
育児休業	育児介護休業法	子が１歳になる前までの休業
介護休業	育児介護休業法	２週間以上常時介護が必要な状態家族の介護するための休業（１家族について93日まで、３回を上限に分割可）

だし、たとえば出産手当金などの別途の手当などもありますので、社内制度や健保の制度を確認しましょう。

④ **休職**

「休職」は、復職を前提あるいは可能性を担保して職を休むことともいえます。傷病休業・組合専休業・留学休業・出向休職などがありえますが、法令上の規定はなく、各会社で独自に決めているものです。休職制度がある場合は、就業規則等に休職の事由、休職期間、復職の基準などが社内規程に定められているはずです。

3 休暇管理の方法

労働基準法には、有給休暇について、「事業の正常な運営を妨げる場合に会社に時季変更権がある」とあります。判例でも、時季変更権の行使は働く側の有給休暇を取得する理由によらないとされています。つまり、休む理由に関係なく「出てこい」とはいえるものではなく、いろいろ手を回しても業務が回らなくなるような状況に陥るのでなければ、希望した日に有給休暇をとれるようにしなければならないということです。法で定められているとはいえ、実際は、現場の管理者と所属員の信頼関係によって担保されている面も大きいでしょう。休んでほしくないときもあれば、逆に休んでいいときもあります。管理職から業務の繁忙状況などをふまえた長期の予定をしっかり提示し、予定をふまえた所属員みんなの休暇の計画が不可欠です。

各職場で実施されていると思いますが、同日に複数人が休むことで運営に支障をきたさないよう、休暇の管理が必要です。長期休暇をふまえ、管理の期間は半年～1年先までを想定して行うことが必要です。単純な有給休暇なのか、リフレッシュ休暇のような別の休暇なのかもわかるように表示をしながら管理するとよいでしょう。業務の繁閑等を勘案して、極力休みにしない日を明示することで、「できれば同日に休むことを避けてほしい」というメッセージになります。

私が管理職だった当時、現場では週末に検定試験がある週の金曜日を（人事制度にはありませんが）試験休暇などと称して休むことを推奨していました。実際には有給休暇をとるわけですが、誕生日や資格の取得を理由にすると周りの理解が得やすいこともありました。個人の事情で休みたい日をいえない環境は良くないとの思いから提案して始めたものですが、定着すると、所属員自らが先を見越して休みの予定を入れるようになりました。さらに、所属員がこちらの思いも察して、同日に休むと業務が回らない人などについて共有の休暇管理表に補記を加えてくれるようにもなりました。有給休暇取得の平等化といった観点も含め、他人の状況を尊重し、体調を配慮し合う気持ちも高まりました。

この際、先に休むことを決めた人への遠慮が生じないようにも配慮し、１つの工夫として、まず年次などが下の者から休みの予定を決めてもらい、管理職やリーダーは後から決め、調整するようにしていました。このフローは、結果として管理職等リーダーが今後の業務状況を想定する助けにもなりました。

休暇の管理においては、現場の状況に応じた方法を模索することが肝要です。2019年４月施行の働き方改革関連法（労働基準法の改正）による「有給休暇の取得の義務化」を念頭に、有給休暇の取得促進・取得状況の管理の厳格化等が求められることを前向きな機会ととらえ、管理方法等の検証や周知を行うべきでしょう。

4 産休・育休・介護休暇の取得者がいる組織

① 取得することが当たり前という風土があるか

女性の多い職場では産休や育休の取得が当たり前であるといってもよいでしょう。本人にとっては望ましいことであり、ライフプランの一イベントとして大事な人生の局面を過ごす貴重な時間です。体を出産前に近い状況に戻し、就業にも耐えられるようにしてもらう配慮も必要になります。これは介護のための休業（休暇）についても同様です。なかには、親の世話（介護）と子どもの世話を同時に担うサンドイッチジェネレーションの典型のような人も少なくありません。

また、一人目の出産から１年半（保育園が見つからず延長）の育休を取得し、そろそろ復帰と思っていたら二人目の妊娠ということも珍しくありません。本人が実力のある職員の場合、組織としてはかなりの戦力ダウンにつながりますが、カバーしようという前向きな気持ちが共有されると、チームメンバーの協働意識が高まり、自らの能力を磨いて主体的に動こうとするようになるといった、職場のモチベーションのアップにつながることもあります。産休や育休をとることが当たり前という風土や感覚があるかないかは、共通目的をもった前向きな組織の維持のためにも重要です。

② 申出しやすい環境づくり

管理者は、各人から事情の変化などを早めにいってもらえる関係・環境をつくることが大事です。定期的な面接などで「伝えておきたいことはないか」「できるサポートはするからいつでも声をかけてほしい」と伝えておきます。相談があったときに、人事制度の説明ができるようにしておくことも必要です。人によってはプライベートの話を職場に持ち込むべきではないと考えることもありますので、バランスがむずかしいコミュニケーションが求められますが、面接時などの公式な場面だけでなく日頃からコミュニケーションをとっておくことが重要です。

早い段階では妊娠の事実の開示範囲がセンシティブな問題になりますが、体調によっては通勤時間帯の調整が必要です。残業の抑制や業務の引継ぎ計画などスムーズに対応することが、本人へのストレス軽減につながります。また、早めの対応が人事部門との交渉などにおいても大切です。

③ ロールモデルが明るい職場をつくる

周りの同僚も、身近な先輩のライフイベントを間近にみることになり、自身のライフプランの選択肢を考えるきっかけになるでしょう。休暇・休業などの制度を知り、その権利の行使への抵抗感のない環境が醸成されます。

また、「早めのスムーズな対応」は、業務面でも本人が休業をとることに後ろめたさを感じないようになります。戦力が下がるという見方をするのではなく、マルチ化（業務のできる担当を複数化する）の良い機会ととらえるべきでしょう。特に本人しか知らないような属人化した業務があれば、それを共有化し「共通知」にする機会になるわけです。そして、何より、OJTも含めて引継ぎを受ける周りや若手の意識面での成長が期待できます。

起きうるインパクトへの早めの対応ができれば、組織力に変えられるはずです。そのような状況は、産休・育休の取得者にとっても安心して休業できるという面だけでなく、「戻りたい」と感じる職場として目に映ることになります。

④ 社内の仕事を整理し、社員の区分ごとに任せる仕事を考える

第２章で契約社員の無期転換ルールについて解説しましたが、厚生労働省が作成した「無期転換のためのハンドブック」には、無期転換ルールの適用を、人事制度を見直す機会ととらえ、「１．有期社員の就労実態を調べる→２．社内の仕事を整理し社員区分ごとの任せる仕事を考える→３．適用する労働条件を検討し就業規則を作成する→４．運用と改善を行う」という手順で無期転換の制度導入を勧めています。

特に、この「２．社内の仕事を整理し社員区分ごとの任せる仕事を考える」では、仕事の内容の分析なども例示していますので、参考になります（図表３－２）。仕事の分析とともに、労働条件の変更なども考慮し時間帯別の配員や業務の流し方なども見直すとよいでしょう。人に業務を割り当てることと業務に人を割り当てることの両方の目線で、配員計画表のシミュレーションを行うと効果的です。

図表３－２　仕事内容の分析例

仕事の内容を分類する

○下の図は、業務の特性の違いに着目して、仕事をタイプ分けしたものです。

○基幹的な業務／補助的な業務（縦方向）と、業務の必要性が一時的／恒常的（横方向）の２つの観点で分類すると、大きく３つのタイプに分けることができます。

○「業務の必要性」が一時的な仕事（左側）の場合は、（単発・短期であることから）任せる業務内容に応じて、適した有期社員を活用することになります。

○「業務の必要性」が恒常的な仕事（右側）は、いわゆる「正社員」や雇用期間の定めのない無期転換社員などの無期労働契約の社員が担うことが求められます。

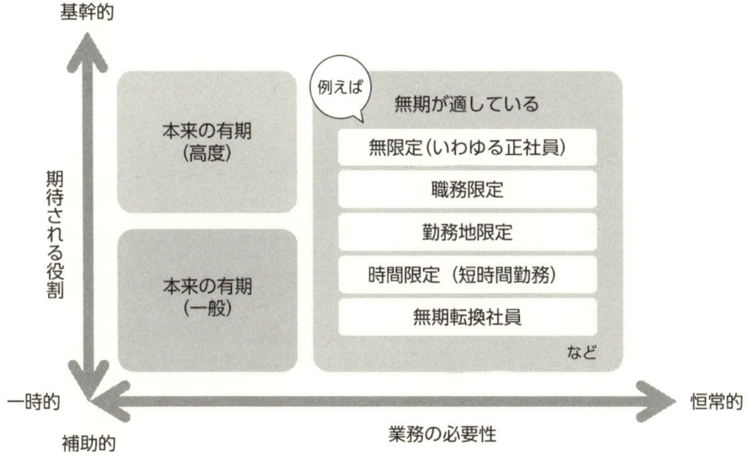

（出所）厚生労働省「無期転換のためのハンドブック」

POINT

- 管理者は所属員の休暇管理を適切に行い、休みをとりやすい明るい前向きな職場を目指そう
- 管理者は、仕事を整理し、社員区分ごとに適切な仕事の分配を行おう
- コミュニケーションは「声掛け」から。みんなに平等に声をかけよう

コラム 残業削減策の事例～節目や目標の時刻を設定

事務センターにいた時に、残業削減のため、「リミット６（シックス）」と銘打った全員参加の運動をスタートさせました。「６時までに帰る」という目標です。

しかし、「郵便の時間」がネックでした。11時と16時の郵便物の到着が、開封、内容チェック、印鑑照合、システム入力、補助帳票作成という一連の作業の起点です。16時からの郵便開封は、量が少ない日でも18時、量が多い日には20時を過ぎます。このネックの解消を、みんなで検討し、以下のことを試してみました。

① 派遣社員の勤務時間の変更

派遣社員は16:00勤務終了の契約でしたが、派遣元と話し合い、交替で勤務時間を１時間後ろ倒しにしてもらいました。これにより、夕方の郵便開封作業がはかどり、正社員の定時退社を実現できました。派遣社員に郵便関連の業務を任せることで、正社員が他の業務をこなすなどの運営も実現できました。

② 部内の応援体制の確立

各課の業務の繁閑にあわせ、時間単位の応援体制を組みました。16:00から30分だけの応援でも作業時間短縮に大きな効果がありました。この応援の実施により、「忙しい時間帯だけ応援することも当たり前」「逆に、私たちもヘルプを出すことがタブーではない」といった風土もできあがりました。

③ 翌日への持ち越し

夕方の郵便をさばききれない場合、翌日の朝に処理することにしました。ただ、朝からの入力処理などの時間帯にこの作業が邪魔になります。そこで、朝が繁忙でない電話受付の担当課に応援をお願いしました。

節目・目標の共有、解決策を全員で見つけに行くこと、全員参加での解決策実施で結果を導くことができ、コミュニケーションの良い風土ができあがるなど、副次的効果があり、職員のモチベーションアップにつながりました。

第4章

職場環境・健康管理

1 健康で文化的かつ最高水準の生産性を生む職場

■1 なぜ働き方改革に「職場環境・衛生管理」の観点が必要なのか

(1) 職場環境は従業員が輝くステージ（舞台）である

人事制度がルール・枠組みなら、組織運営は行動であり、職場環境は仕事の場（＝ステージ）といえます。働く人たちを働きやすい場に立たせ、組織としてのパフォーマンスを最大限に発揮させるのは、企業の責任でもあります。

憲法25条１項に「すべて国民は、健康で文化的な最低限度の生活を営む権利を有する」という生存権の条項が書かれていますが、職場も同様です。いまや「すべての社員は、健康で文化的かつ生産性をあげることのできる環境を享受できる」と置き換えてもいいかもしれません。生産性があがらない原因が職場環境である場合も考えられます。さらに、社員の健康に企業が責任をもつ時代になっています。しかし、職場環境への責任は経営側のみにあるわけではなく、経営側のアクションを待つばかりでは改善されないこともあるでしょう。従業員一人ひとりが職場環境の問題を意識し、改善や提案や行動を起こし続けることが大切です。

(2) 健康への取組み＝企業業績

「働き方改革」に関連しても、サテライトオフィスやテレワークといった新たな概念の「働く場所」が登場しており、激しい変化のなかにあります。今後は、同じ空間にいない仲間とも環境・衛生管理を共有していくといった観点も求められてくるでしょう。そして、これらの変化の前提に「ワーク・ライフ・バランス」の実現があり、「健康」は最重要事項ともいえます。「社員の健康への取組み＝企業業績」といった感覚に近づきつつあるいま、健康問題を通して「新しい当たり前」を考えるべき状況になっています。

2 職場環境の軸「労働安全衛生法」

(1)「労働安全衛生法」とは

現場力の発揮による「快適な職場環境」の実現が、能率を向上させミスを防止し、健康の維持・向上へつながって働き方を変えることになります。この「快適な職場環境」を考えるにあたっては、労働安全衛生法を避けて通ることはできません。

厚生労働省のウェブサイトに基本的な労働法制度の概要をまとめたページがあります。このウェブサイトにある「労働条件・環境に関するルール」では、労働安全衛生法制定の目的を以下のように記載しています。

> 3　労働安全衛生
> 　職場における労働者の安全と健康を確保し、快適な職場環境を形成することを目的として、労働基準法の特別法である労働安全衛生法が定められています。
> 　労働安全衛生法は、事業者に、仕事が原因で労働者が事故に遭ったり、病気になったりしないように措置する義務を定めるとともに、労働者に対しては、労働災害を防止するために必要な事項を守り、事業者が行う措置に協力するように定めています。

労働安全衛生法は、1972年に労働基準法から分離して制定されました。労働安全のための体制づくりや特定機械（ボイラー・クレーンなど）の機械等の管理・点検や操作の免許、有害物の取扱いなど建設業や製造業の工場や危険作業等の現場での労働災害の防止などを念頭にした規定が多く定められています。この部分は最低限基準や免許などの作業者の要件を定めるなどのものですが、健康診断や職場環境の形成等に関する事項も定められており、もちろんオフィスワークを行う職場も対象となります。

労働安全衛生法を逸脱すると、罰則の対象となる場合もあります。自分の職場が遵守できているのかということはもちろんですが、現場単位で改善をするにあたっては、労働安全衛生法を逸脱しないように注意することも必要です。

また、労働安全衛生法に基づき、「事業者が講ずべき快適な職場環境の形成のための措置に関する指針」や「事務所衛生基準規則」が公表されています。これらは快適な職場環境を形成するための具体的な方策や基準が記載されているものであり、とても重要です。

⑵ 快適職場指針

労働安全衛生法では、快適な職場づくりが努力義務とされています。1992年７月、同法71条の３の規定により、「事業者が講ずべき快適な職場環境の形成のための措置に関する指針」（以下、「快適職場指針」といいます）が公表されました。この快適職場指針は、快適な職場の基準や具体的な策を提示しているものであり、職場づくりの参考になります。

快適職場指針の冒頭には、以下の記載があります。

> 我が国の就業構造を見ると、労働力人口の高齢化に伴い事業場における中高年齢者の割合が高まるとともに、多様な就業分野への女性の職場進出により女性労働者比率の高まりが見られる。このため、このような就業構造の変化に対応し、作業方法等の改善された職場環境の形成を図る必要が生じている。
>
> このような変化の中で、労働者が、その生活時間の多くを過ごす職場について、疲労やストレスを感じることが少ない快適な職場環境を形成していくことが、極めて重要となっている。なお、快適な職場環境の形成を図ることは、労働者の有する能力の有効な発揮や、職場の活性化にも資するものと考えられる。

快適職場指針は1992年に公表されたものですが、就業構造の変化はいまも発展途上の状況にあり、この目的は大いに共感できるものだと思います。

この指針は、以下の３つの事項から構成されています。

> 第１　快適な職場環境の形成についての目標に関する事項
> 第２　快適な職場環境の形成を図るために事業者が講ずべき措置の内容に関する事項

第３　快適な職場環境の形成のための措置の実施に関し、考慮すべき事項

事業者向けの内容ですが、特に第１と第３については、現場で働く従業員にも関係が深い内容です。第１の目標に関する事項においては、企業が行うべき措置を以下の４つに分類しています。

①　作業環境の管理 ②　作業方法の改善 ③　労働者の心身の疲労の回復を図るための施設・設備の設置・整備 ④　その他の施設・設備の維持管理

「①作業環境の管理」では、きれいな空気かつ適切な温度や十分な照度を保つことを示しています。「②作業方法の改善」では、不自然な姿勢での作業や筋力を必要とする作業については作業方法の改善を図るよう示しています。「③労働者の心身の疲労の回復を図るための施設・設備の設置・整備」では、労働により生じた疲労の回復を図るために休憩室等を設置することを示しています。また、「④その他の施設・設備の維持管理」では、トイレ等が清潔な状態であるように図ることを示しています。③については会社としての行動が必要なものですが、①②④については、管理監督者はもちろん、従業員一人ひとりが心がけることができる事項です（詳細は厚生労働省「職場の安全サイト」参照）。

第３の「快適な職場環境の形成のための措置の実施に関し、考慮すべき事項」には、「労働者の意見の反映」「個人差への配慮」「潤いへの配慮」といった現場目線や個々の感じ方への配慮などが謳われています。個人差への配慮は、昨今ますます強調されている視点ではないでしょうか。配慮がハラスメントになる可能性もありむずかしいところですが、みんなで快適な職場を目指しているという方針で合意形成を図り、１つずつ取り組むことが大切です。そのためにも、このような指針は個人差による意見の違いを調整する１つのツールともなります。

3 物理的な職場環境の改善

(1) 物理的な職場環境の基準の必要性

「職場環境」と一口でいっても「物理的な職場環境」と「人と人の関係（コミュニケーションの問題)」があると思います。「物理的な職場環境」における問題の改善については、労働安全衛生の法令にも関連する基準を確認することが必要です。たとえば、一人が暑いといって空調の温度を勝手に下げ、女性社員が震えているというような状況などでは、「基準」を示すことでみんなの納得感が得られる改善が図られる可能性があります。基準は、職場の共通認識として非常に有効です。

労働安全衛生法では50人以上の労働者がいる職場には、「衛生管理者」を置くとされていますが、日常業務の傍らでの活動で目の届かないこともあるでしょう。衛生管理者や管理職だけではなく、職場のみんなの認識や行動が必要です。有害物を取り扱う現場などに安全衛生への対応を怠ることで即事故につながるといった面があるのとは違い、オフィスワークの職場では気がついたら手遅れになるような現象も起こりやすい面があります。日頃の認識と行動はより重要ともいえます。衛生管理者や管理職から「基準」などの情報を発信し、職場のみんなの意識づけを図ることを検討してみましょう。

(2) 事務所衛生基準規則

職場環境に関する「基準」にはさまざまなものがありますが、主なものとして「事務所衛生基準規則」があります。労働安全衛生法の制定時から厚生労働省令で定められているものです。目的は事務所の衛生確保であり、事務室の換気や温度の基準、救急用具の常備などについて定められています。規則自体に罰則はありませんが、内容によっては労働安全衛生法違反の罰則の対象となります。この基準規則の内容は一般的な指標としてとてもわかりやすく、職場づくりの参考にすべき内容です（図表４－１）。設備など所与の条件を改善するなどであれば、本部や主管部との調整が必要となり、現場での改善はむずかしいこともあると思いますが、自身の職場の特性などに応じて重きを置くものを考え、改善すべきところは改善に向けて、職場のみんなと共有すべきでしょう。

図表４－１　事務所衛生基準規則

<table>
<tr><th colspan="2">項目</th><th>内容・基準など</th></tr>
<tr><td rowspan="11">事務室の環境管理</td><td>気積</td><td>労働者一人について10m³以上。</td></tr>
<tr><td>換気</td><td>窓他の開放できる部分の面積が、常時床面積の20分の１以上
（換気が十分に行われる性能を有する設備での代替が可能）。</td></tr>
<tr><td>温度</td><td>室温10度以下なら暖房などの温度調節をする。
外気温より著しい低温の冷房は不可（電子計算機等を設置する場合、作業者に保温のための衣類等の着用で可）。</td></tr>
<tr><td>空気調和設備等による調整</td><td>浮遊粉じん量等を一定以下に保つべく空気調和設備または機械換気設備を調整要。
継続して風が直接当たらないようにする。また、気流を0.5m／秒以下にする。
空調がある場合、室温は17度以上28度以下および相対湿度が40％以上70％以下になるように努める。</td></tr>
<tr><td>作業環境測定等</td><td>一酸化炭素および二酸化炭素の含有率、室温および外気温などを２カ月以内ごとに１回、定期測定する。</td></tr>
<tr><td>点検等</td><td>機械による換気設備の２カ月以内ごとに一回、定期点検をする。
空気調和設備の病原体による汚染防止の措置を講じる（冷却塔および冷却水・加湿装置などの１月以内ごとに１回の定期点検、冷却塔、冷却水の水管および加湿装置の清掃の１年以内ごとに１回の定期実施など）。</td></tr>
<tr><td>照度等</td><td>作業面の照度の基準<table><tr><th>作業の区分</th><th>基準</th></tr><tr><td>精密な作業</td><td>300ルクス以上</td></tr><tr><td>普通の作業</td><td>150ルクス以上</td></tr><tr><td>粗な作業</td><td>70ルクス以上</td></tr></table>室の照明設備について、６カ月以内ごとに１回、定期点検をする。<table><tr><th>作業の区分</th><th>基準</th></tr><tr><td>精密な作業</td><td>300ルクス以上</td></tr><tr><td>普通の作業</td><td>150ルクス以上</td></tr><tr><td>粗な作業</td><td>70ルクス以上</td></tr></table></td></tr>
<tr><td>騒音および振動の防止</td><td>有害な影響を及ぼすおそれのある騒音または振動について、隔壁を設ける等その伝ぱを防止する措置を講じる。</td></tr>
<tr><td>騒音伝ぱの防止</td><td>騒音を発する事務用機器等を５台以上集中して同時使用するときの騒音の伝ぱを防止するため、吸音等の機能をもつ天井および壁で区画された専用の作業室を設置する。</td></tr>
<tr><td>給水</td><td>労働者の飲用に供する一定の水質基準を満たす水その他の飲料を十分に供給する。
有害物、汚水等による水の汚染防止の措置を講じる。</td></tr>
<tr><td>排水</td><td>排水設備について、汚水の漏出等が生じないよう、補修および清掃をする。</td></tr>
<tr><td>清潔</td><td>清掃等の実施</td><td>日常行う清掃のほか、大掃除を６カ月以内ごとに１回定期に統一的に行う。
ねずみ・昆虫等の発生場所・侵入経路や被害の状況を６カ月以内ごとに一回定期に統一的に調査し、発生を防止する。</td></tr>
</table>

	労働者の清潔保持義務	清潔に注意し廃棄物を定められた場所以外の場所に捨てない。
	便所	男性用と女性用に区別して便所を設けなければならない。
		人数に応じた必要個数（女性用便所の便房数は女性労働者20人以内ごとに1個以上）の確保や清潔の維持。
	洗面設備等	洗面設備を設置、業務に応じた更衣設備または被服の乾燥設備の設置。
	休憩の設備	有効に利用することができる休憩の設備を設置する（努力義務）。
休養	睡眠または仮眠の設備	必要な場合、適当な睡眠または仮眠の場所を、男性用と女性用に区別して設置し、寝具ほかの必要な用品の備えと疾病感染を予防する措置を講じる。
	休養室等	一定人数以上の場合、労働者がが床することが可能な休養室または休養所を男性用と女性用に区別して設置する。
	立業のためのいす	持続的立業に従事でしばしば座る機会のある者へいすを備える。
	救急用具および材料の備えと備付け場所および使用方法の周知。常時清潔を維持	

（出所）事務所衛生基準規則の各条文記載の内容に基づき筆者作成

⑶ 人それぞれの「感覚」の基準化

働く意欲を減退させるような要因を「五感（視覚・聴覚・臭覚・味覚・触覚）」やそれに近い感覚（温感・冷感・振動感覚など）から考えるとさまざまなものがあります。そしてこの感覚は人それぞれのため、この感覚による判断はとてもむずかしいものがあります。事務所衛生基準規則の基準を用いれば、不要にだれかを責めることもなく納得感を醸造することができるかもしれません。事務所衛生基準規則には、狭い・空気が悪い・水がまずい・暗い・うるさい・くさい・汚い・熱い・寒いなど、それらに相当する基準などが書かれています。現在の職場の快適度チェックにもなるので、一度確認してみましょう。

ただし、事務所衛生基準規則に記載された基準数値はあくまで目安であり、たとえば、「照度」については、精緻な作業には300ルクス以上必要とされていますが、JISの照明基準総則では事務室や製図などの作業では750ルクスが推奨されています。さらに、オフィスに高年齢労働者がいるのであれば、加齢による視覚機能の低下への配慮など、職場の状況にあわせて検証したほうがよいでしょう。

職場の環境問題は、五感+αの感覚を「不快」から「快適」へ改善する努力であり、その努力や意識を認め合うことでもあります。快適な五感＋αへの道があってこそ、仕事の「第六感」も働くといえそうです。

4 人と人との関係がつくる職場環境

(1) 視覚と聴覚を意識した職場コミュニケーション

① 視覚

私たちは仕事中、常に視覚と聴覚の刺激にさらされているとともに、それらを駆使して仕事をしています。視覚・聴覚は仕事に使わざるをえない感覚であり、シャットアウトするわけにはいきません。自分の席など、常に作業する場からみえるところに派手なものや気になるものがあると、集中力を欠いてしまう可能性があります。視覚的に迷惑にならないかという点でも、周りの人への配慮は必要です。

視覚から認識した情報は、無意識のうちに捻じ曲げられていることもあります。このことを認識することはとても重要です。高年齢者の加齢による見えにくさだけでなく、老若男女問わず見間違いといったヒューマンエラーは起こりえます。「老眼だから」といったような決めつけをなくし、「気をつけていてもミスは起きる」という心持ちがあるかないかでは、職場のコミュニケーションも変わってきます。また、帳票をみやすくするなど、道具面においても視覚的な工夫を施すことは大切です。

② 聴覚

「嫌なことは聞こえない」といわれるように耳に選択性はあるのでしょうか。聞く（聴覚）は、集中力との関連もありますが、飛び込んでくる音をコントロールできる範囲は限られています。通常45デシベル程度の音のなかで私たちは生活しており、うるさいと感じるのは、チャイムやキーボードタッチなどによる60～70デシベル以上といわれています。

長い時間耳栓をして仕事をするわけにもいきませんが、隣の人の机の距離が音の問題を緩和している面もあります。オフィスや店舗などではBGMが流れているところもあるでしょう。静か過ぎるのは落ち着かず、適切な音の質と量によって、活動状態下での快適性を人為的にコントロールしているともいえます。もし、「話しかけないでタイム」のような短時間の集中仕事時間をつくるならば、耳栓やヘッドホンをしてもよいでしょう。周りへのアピールにもなります。

また、自分が人の話をどう聞いているかも客観的に考えてみるとよいでしょう。「私は聞いています」と相手に伝わる聞き方（いわゆる「聴く」態度）がコミュニケーションをスムーズにすることを忘れてはいけません。

⑵ 臭覚や温度感覚はダイバーシティ

① 好みが分かれる「におい」の問題

現場で対応がむずかしい感覚は「臭覚」や「温度感覚」かもしれません。視覚や聴覚に比べ、人による感じ方の違いは大きいと思われます。感じ方にダイバーシティ（多様性）があるわけです。

視覚・聴覚の不快感から気持ちが悪くなるというのは、オフィスでは珍しいでしょうが、臭覚による体調への影響は意外と多いと思います。代表的なにおいとして汗・体臭・香水・食品などがありますが、感じ方のダイバーシティを前提に、感じ方の共有を試みてもよいでしょう。たとえば、個人攻撃や自尊心を傷つけないように、無記名投票で「苦手なにおい」についてのアンケートを行うことは、「気づき」「配慮」が芽生える試みとなります。「お客さまも同様の思いを抱く」という観点からアンケートを実施するといったコメントを添えると、試しやすくなるでしょう。

ちなみに、厚生労働省は、口の健康ということで「口腔《こうくう》健康」を重要視しています。過去には80歳になっても自分の歯を20本キープしようという8020運動がありましたが、さらに「嚥下《えんげ》」、つまり飲み込む力について年齢を重ねても保持しようという取組みを進めています。口臭はデリケートな問題ですから、口や歯の健康は脳への刺激という面でも望ましいとして、口腔健康という別の観点からアプローチする手もあるでしょう。

② 冷暖房の設定温度

温度感覚も体調の問題も含めて相当な多様性があります。事務所衛生基準規則の基準数値「空気調和設備等による調整」に「室温が17度以上28度以下及び相対湿度が40％以上70％以下」という基準があります。節電の観点から夏場の室温は28度の設定が推奨されることもあるなか、外気との温度差や個人の感じ方を意識し、全体での温度調整の問題とともに、感じ方の違いを前提に個人が調整できる選択肢なども用意したいところです。「電子計算機等を設置の作業者に保温のための衣類等の着用を行う」とされていることについて、具体的にどうするのか考えてみることから始めてもいいかもしれません。たとえば、冷房時に膝掛けの支給なども考えられますが、冷えるのは膝や足だけなのかといったことも考える必要があります。感じ方のダイバーシティに応じた選択肢の用意といった配慮が望ましく、これは能率を左右する要素にもなります。

また、膝掛けを配って終わりなど、現場の対応レベルがピンキリになる可能性もあります。場合によっては主管部等への要請もしっかり行う必要があるでしょう。特に、このようなときの管理者の動き方は、所属員のモチベーションに大きく影響するものです。

⑶ 喫煙問題～進んだ常識の変革

たばこのことを考えると、ずいぶん常識が変わってきたと感じます。私が会社に入社した昭和50年代は、まだ、仕事をしながら机でたばこを吸えました。まず会社に来ると備付けの銀色の灰皿を机までもっていき、帰る際には灰皿の収納場所にある蓋つきバケツのような吸い殻収拾缶（ペール缶）に捨てて帰ります。後始末が不十分だと火災につながる危険もありますから、火災防止の意識は高く、退社時には複数人の目での確認が当り前でした。

いまは駅などの公共の場も全面禁煙になり、喫煙コーナーさえも廃止する企業も出てきました。たばこの問題は、本人・周りすべての人へ影響する健康面の問題です。

喫煙対策は先進国の証であり、日本は対策が遅れているともいわれています。「たばこのない東京オリンピック」を控え、健康増進法の改正により、望まない受動喫煙のない社会が志向されています。たばこの問題は、昔は本人の体の問題や火事などの観点でしたが、いまはすべての人の健康管理の観点になっています。前述の臭覚の問題を含め、喫煙問題を職場でどう取り組むかも、働き方との関係において大きいでしょう。喫煙に関しては、以下のような区分があります。

・一次喫煙……本人が喫煙することにより健康を害するなど
・二次喫煙……特に喫煙者のそばにいる人が副流煙・呼出煙により健康を害するなど
・三次喫煙……喫煙による煙が衣服・カーテンなどに付着し、そのから出る有害物質が悪い影響を及ぼすもの

分煙等により、二次喫煙対策が進んでいますが、さらに喫煙の足跡による健康被害である三次喫煙の防止にスポットが当たり出しています。いまでは、三次喫煙を防止するため、勤務時間中の喫煙コーナーでの喫煙も禁止する市町村もあります。

2 過重労働を防止するための知識と方策

1 適切な労働時間を保つ環境をつくれているか

(1) 法定外労働時間を超えてはいけない理由

過剰な残業→睡眠不足→不眠症→うつ病発症→自殺といった過程を経るケースが後を絶ちません。2015年に起きた電通過労死事件もそうでした。このような過程を経ると脳が歯止めを利かせることができなくなるともいわれています。裁量労働や高度プロフェッショナル制度のリスクといわれているのは、まさにこの悪循環を招く可能性です。

過重労働は、孤独感という要素が手伝って悲劇につながる面が大きいと思われます。逆に、残業が「一時的なもの」であり、先の希望や気持ちの共有などの緩和剤があれば、かなり違っていたはずです。脳が判断力を失うほどの残業はもちろん避けるべきですが、忙しい時にこそ、本書などを参考にしてもらいながらその解消策を模索し、気持ちを共有する場面をいかにつくるかが大切だと考えます。

(2) 働き方改革関連法の改正で変わる「法定外労働時間」の規制内容

第２章「人事制度」でも解説しましたが、改正労働基準法の施行により、法定外労働時間は拘束力をもつものとなります。これまでは厚生労働省の告示でしたが、法令で具体的な限度時間が規定されることにより、限度時間を上回った場合は罰則を伴う法令違反とされます。なお、この改正に伴い、労働時間の適正管理がこの法令改正の効果を担保することは明白ですので、組織として労働時間管理の厳格化などが図られるはずです（図表４－２）。

当たり前ですが、ルールが守られていない職場で働きたいと思う人はいないでしょう。そして、罰則を気にするという出発点ではなく、適正なルール下で個々の体調面などに配慮しながら残業をコントロールできる環境を目指さなければなりません。

図表４－２　法定外労働時間に関する規定

<table>
<tr><th></th><th>現行</th><th>働き方改革関連法</th></tr>
<tr><td rowspan="2">根拠法令・規程等</td><td>平成10年厚生労働省告示第154号</td><td rowspan="2">労働基準法36条</td></tr>
<tr><td>36協定に定める労働時間の延長の限度等に関する基準</td></tr>
<tr><td>法定外労働時間の限度（一般の労働者）</td><td>【原則】<table><tr><th>期　間</th><th>限度時間</th></tr><tr><td>１週間</td><td>15時間</td></tr><tr><td>２週間</td><td>27時間</td></tr><tr><td>４週間</td><td>43時間</td></tr><tr><td>１カ月</td><td>45時間</td></tr><tr><td>２カ月</td><td>81時間</td></tr><tr><td>３カ月</td><td>120時間</td></tr><tr><td>１年間</td><td>360時間</td></tr></table></td><td>【原則】
月45時間・年間360時間</td></tr>
<tr><td>同　特別条項・特例</td><td>特別条項付き協定により、１年の半分まで限度時間を超えることができる</td><td>【特例（年間６カ月まで）】
月100時間未満・２カ月から６カ月のいずれの期間も平均80時間（上限）・さらに年間最大720時間以内
※休日労働を含む</td></tr>
<tr><td>特別条項・特例の適用の前提</td><td>臨時的に限度時間を大幅に超えて労働しなければならない特別の事情のある場合</td><td>通常予見することのできない業務量の大幅な増加等に伴い、臨時的に限度時間を超えて労働させる必要がある場合</td></tr>
<tr><td>限度時間を上回る規定</td><td>厳密には法令違反ではない</td><td rowspan="2">労働基準法違反</td></tr>
<tr><td>限度時間を上回る労働</td><td>36協定違反は違法</td></tr>
</table>

2 健康診断と医師による面接指導

(1) 健康診断の意義

労働安全衛生法に基づく安全配慮義務の一環として、事業者には労働者の健康状態の把握・管理の義務が課されています。労働安全衛生法66条には、事業者の医師による健康診断の実施義務と労働者の受診義務が規定されています。雇入時や定期健康診断（常時使用する労働者の１年以内に１度の健康）では、図表４－３のような診療項目が定められています。

定期健康診断での所見に基づく医師からの意見聴取の義務や、医師あるいは保健士

図表４－３　健康診断の項目

雇入れ時健康診断及び定期健康診断の項目は、以下のとおりです。

雇入れ時の健康診断（安衛則第43条）	定期健康診断（安衛則第44条）
1 既往歴及び業務歴の調査 2 自覚症状及び他覚症状の有無の検査 3 身長、体重、腹囲、視力及び聴力の検査 4 胸部エックス線検査 5 血圧の測定 6 貧血検査（血色素量及び赤血球数） 7 肝機能検査（GOT、GPT、γ－GTP） 8 血中脂質検査（LDLコレステロール，HDLコレステロール、血清トリグリセライド） 9 血糖検査 10 尿検査（尿中の糖及び蛋白の有無の検査） 11 心電図検査	1 既往歴及び業務歴の調査 2 自覚症状及び他覚症状の有無の検査 3 身長(※2)、体重、腹囲(※2)、視力及び聴力の検査 4 胸部エックス線検査(※2)及び喀痰検査(※2) 5 血圧の測定 6 貧血検査（血色素量及び赤血球数）(※2) 7 肝機能検査（GOT、GPT、γ－GTP）(※2) 8 血中脂質検査（LDLコレステロール，HDLコレステロール、血清トリグリセライド）(※2) 9 血糖検査(※2) 10 尿検査（尿中の糖及び蛋白の有無の検査） 11 心電図検査(※2)

※2：定期健康診断（安衛則第44条）における健康診断の項目の省略基準

定期健康診断については、以下の健康診断項目については、それぞれの基準に基づき、医師が必要でないと認めるときは省略することができます。なお、「医師が必要でないと認める」とは、自覚症状及び他覚症状、既往歴等を勘案し、医師が総合的に判断することをいいます。したがって、以下の省略基準については、年齢等により機械的に決定されるものではないことに留意して下さい。

項目	医師が必要でないと認める時に左記の健康診断項目を省略できる者
身長	20歳以上の者
腹囲	1. 40歳未満（35歳を除く）の者 2. 妊娠中の女性その他の者であって、その腹囲が内臓脂肪の蓄積を反映していないと診断された者 3. BMIが20未満である者（BMI(Body Mass Index)＝体重(kg)／身長(m)^2） 4. BMIが22未満であって、自ら腹囲を測定し、その値を申告した者
胸部エックス線検査	40歳未満のうち、次のいずれにも該当しない者 1. 5歳毎の節目年齢（20歳、25歳、30歳及び35歳）の者 2. 感染症法で結核に係る定期の健康診断の対象とされている施設等で働いている者 3. じん肺法で3年に1回のじん肺健康診断の対象とされている者
喀痰検査	1. 胸部エックス線検査を省略された者 2. 胸部エックス線検査によって病変の発見されない者又は胸部エックス線検査によって結核発病のおそれがないと診断された者
貧血検査、肝機能検査、血中脂質検査、血糖検査、心電図検査	35歳未満の者及び36～39歳の者

（出所）　厚生労働省・都道府県労働局・労働基準監督署「労働安全衛生法に基づく 健康診断を実施しましょう ～労働者の健康確保のために～」

による保健指導の実施などの努力義務が、会社には課されています。保健指導のお知らせなどが来た際に愚直に受診等に臨むことが、自分だけでなく「傍（はた）」のためでもあることをもう一度考えてみましょう。

⑵ 過重労働による面接指導

脳血管疾患及び虚血性心疾患等（以下、「脳・心臓疾患」といいます）の発症は、長時間労働との関連性が強いといわれています。この医学的知見に基づいて、脳・心臓疾患の発症を予防するため、一定時間以上の長時間にわたる労働により疲労の蓄積した労働者に対し、事業者は医師による面接指導を行わなければならないとされています。

具体的な対象者は以下のとおりですが、これは、労働安全衛生法および省令の改正により、2019年４月以降、法的義務が強化されたものです（従前の水準は100時間超）。なお、同改正では、事業者による該当者への通知義務などの実効性向上のための現定も定められました。

労働者の週40時間を超える労働が１月当たり80時間を超え、疲労の蓄積が認められる労働者（申出を受けて実施）

過重労働による面接指導は、健康診断の一部と医師によるカウンセリングが融合したものです。うつ病の発症など、メンタルヘルスの問題を引き起こすリスクについての配慮も当然あります。法改正での、産業医・産業保健機能の強化とも符号します。

法令の基準は、健康障害リスクへの水際対応ととらえ、繁忙時の意識・行動として活かすことはもちろんですが、その前の対策として、仕事の偏りや勤務状況、個々人の体調などへの配慮が必要です。職場のリスク察知力が働きやすさを左右します。

3 睡眠時間を確保する

(1) 短時間睡眠が及ぼす影響を考える

ライフスタイルの多様化、生活リズムの乱れ、ストレスなどにより、日本の一般成人のうち約２割程度が不眠に悩んでいるともいわれています。５時間を切るような睡眠時間しかとれないような状況が続くことは、健康障害につながるリスクを高めるとされており、前述した医師の面接指導を必要とする基準に相当します。過重労働は、睡眠不足・不眠症を招き、不幸な事態を招くこともあります。働き方改革にもある「能率向上」という観点でも、大変重要なファクターです。改正労働基準法では、努力義務として勤務間インターバル（勤務終了から勤務開始まで一定の時間を確保する制度の普及）が事業者に求められています。睡眠時間の確保が大きな目的です。

少し古い統計ですが、総務省が公表した「平成23年社会生活基本調査（生活時間に関する結果）」の「年齢別・男女別の平均睡眠時間」によると、高齢になるほど睡眠時間は長くなっています。最も短いのは45～49歳の世代（全年齢の平均７時42分に対し、７時間３分）であり、社会的な役割なども必要な年代には睡眠を削る行為も影響していると考えられます。

(2)「良い睡眠」を職場の仲間と共有しよう

「良い睡眠」の要素として、寝つきの良さ、すっきりした目覚め、熟睡感、睡眠リズムなどの要素が重要です。厚生労働省の「みんなのメンタルヘルス」には、「睡眠障害のサインや症状は大きく分けて、①不眠、②日中の過剰な眠気、③睡眠中に起こる異常行動や異常知覚・異常運動、④睡眠・覚醒リズム、の４つの問題にまとめられます。また、いびきや寝ぼけなど、周囲の人から指摘される症状もあります」とあります。このような状態が働きぶりに少なからず影響を与えることは明白です。自分に合った適正な睡眠習慣や好ましいサイクルを実現する必要があります。睡眠についての好ましいサイクルは、「早起き→日中の活動（日光を浴びる・適度な疲労感）→飲酒控えめ→早寝」の順です。厚生労働省が作成した「健康づくりのための睡眠指針 2014」に記載されている以下の睡眠12箇条をみんなで共有することをお勧めします。

【睡眠12箇条】

１．良い睡眠で、からだもこころも健康に。
２．適度な運動、しっかり朝食、ねむりとめざめのメリハリを。
３．良い睡眠は、生活習慣病予防につながります。
４．睡眠による休養感は、こころの健康に重要です。
５．年齢や季節に応じて、昼間の眠気で困らない程度の睡眠を。
６．良い睡眠のためには、環境づくりも重要です。
７．若年世代は夜更かし避けて、体内時計のリズムを保つ。
８．勤労世代の疲労回復・能率アップに、毎日十分な睡眠を。
９．熟年世代は朝晩メリハリ、ひるまに適度な運動で良い睡眠。
10．眠くなってから寝床に入り、起きる時刻は遅らせない。
11．いつもと違う睡眠には、要注意。
12．眠れない、その苦しみをかかえずに、専門家に相談を。

3 予防的観点から体と心の健康を保つ

1 健康経営

(1) 企業の重要課題となった「健康経営」

経済産業省のウェブサイトによると、「健康経営」とは、従業員等の健康管理を経営的な視点で考え、戦略的に実践することであり、企業理念に基づき、従業員等への健康投資を行うことは、従業員の活力向上や生産性の向上等の組織の活性化をもたらし、結果的に業績向上や株価向上につながると期待されます。

また、経済産業省は、健康経営に取り組む優良な中小規模の企業や医療法人を対象とした「中小規模法人部門」と、規模の大きい企業や医療法人を対象とした「大規模法人部門」の２つの部門に分け、「健康経営優良法人」を認定しています。大規模法人部門の認定法人を「ホワイト500」（500社目処）と呼んだこともあり、企業のイメージ戦略、学生の就職活動における企業選定にも大きな影響を与えています。

特に、認定基準（図表４－４）の「３．制度・施策実行」の「健康経営の実践に向けた基礎的な土台づくりとワークエンゲイジメント」の小項目で使われているヘルスリテラシー、ワークライフバランス、職場の活性化などの言葉のように、私たち一人ひとりの働き方改革と同期をとった意識や行動の変革が成果を左右する項目が組み込まれています。

(2) 昔の当たり前がいまや非常識となった「職場の健康問題」

「働き方改革」とともに取組みの重要性が叫ばれる「健康経営」も、いまや取り組んで当たり前ともいえる状況です。前述の働き方改革関連法による労働基準法の改正でも、法定外労働時間の上限規制や勤務インターバル制度などが追加されたほか、労働基準法36条に「前項の助言及び指導を行うに当たっては、労働者の健康が確保されるよう特に配慮しなければならない」という文言の追加もされているように健康管理の視点が明記されています。職場環境・衛生管理は健康経営的視点の課題です。健康企業の認定や顕彰制度を設けるなど国も取組みを強化しています。健康保険組合もチェックシートや認定制度などで健康企業宣言への支援を行っています。

図表４－４　健康経営優良法人の認定基準

大項目	中項目	小項目	評価項目	大規模法人部門		中小規模法人部門	
				該当	認定要件	該当	認定要件
1. 経営理念(経営者の自覚)			健康宣言の社内外への発信（アニュアルレポートや統合報告書等での発信）	○	必須		
			健康宣言の社内外への発信及び経営者自身の健診受診			○	必須
2. 組織体制		経営層の体制	健康づくり責任者が役員以上	○	必須		
		保険者との連携	健保等保険者と連携	○			
			健康づくり担当者の設置			○	
3. 制度・施策実行	従業員の健康課題の把握と必要な対策の検討	健康課題の把握	① 定期健診受診率（実質100％）	○	左記①～⑮のうち12項目以上	○	左記①～④のうち２項目以上
			② 受診勧奨の取組み	○		○	
			③ 50人未満の事業場におけるストレスチェックの実施	○		○	
		対策の検討	④ 健康増進・過重労働防止に向けた具体的目標(計画)の設定	○		○	
	健康経営の実践に向けた基礎的な土台づくりとワークエンゲイジメント	ヘルスリテラシーの向上	⑤ 管理職又は従業員に対する教育機会の設定 ※「従業員の健康保持・増進やメンタルヘルスに関する教育」については参加率（実施率）を測っていること	○		○	左記⑤～⑧のうち少なくとも１項目
		ワークライフバランスの推進	⑥ 適切な働き方実現に向けた取組み	○		○	
		職場の活性化	⑦ コミュニケーションの促進に向けた取組み	○		○	
		病気の治療と仕事の両立支援	⑧ 病気の治療と仕事の両立の促進に向けた取組み（⑮以外）	○		○	
	従業員の心と身体の健康づくりに向けた具体的対策	保健指導	⑨ 保健指導の実施及び特定保健指導実施機会の提供に関する取組み ※「生活習慣病予備群者への特定保健指導以外の保健指導」については参加率（実施率）を測っていること	○		○	左記⑨～⑮のうち３項目以上
		健康増進・生活習慣病予防対策	⑩ 食生活の改善に向けた取組み	○		○	
			⑪ 運動機会の増進に向けた取組み	○		○	

			⑫ 女性の健康保持・増進に向けた取組み	○		○	
		感染症予防対策	⑬ 従業員の感染症予防に向けた取組み	○		○	
		過重労働対策	⑭ 長時間労働者への対応に関する取組み	○		○	
		メンタルヘルス対策	⑮ メンタルヘルス不調者への対応に関する取組み	○		○	
		受動喫煙対策	受動喫煙対策に関する取組み	○	必須	○	必須
	取組みの質の確保	専門資格者の関与	産業医又は保健師が健康保持・増進の立案・検討に関与	○			
4. 評価・改善		取組みの効果検証	健康保持・増進を目的とした導入施策への効果検証を実施	○	必須		
		保険者へのデータ提供（保険者との連携）	（求めに応じて）40歳以上の従業員の健診データの提供			○	必須
5. 法令遵守・リスクマネジメント			定期健診を実施していること(自主申告)	○	必須	○	必須
			健保等保険者による特定健康診査・特定保健指導の実施（自主申告）	○	必須	○	必須
			50人以上の事業場におけるストレスチェックを実施していること(自主申告)	○		○	
			従業員の健康管理に関連する法令について重大な違反をしていないこと(自主申告)	○		○	

（出所） 経済産業省「健康経営優良法人（大規模法人部門・中小規模法人部門）の認定基準（2019年度）」をもとに筆者作成
http://www.meti.go.jp/policy/mono_info_service/healthcare/downloadfiles/kenkokeieiyuryohojin2019_daikibo_ninteikijyun.pdf
http://www.meti.go.jp/policy/mono_info_service/healthcare/downloadfiles/kenkokeieiyuryohojin2019_chushokibo_ninteikijyun.pdf

昔は職場内の動線をいかに短くするかが課題でしたが、いまや動線を長くして従業員に歩いてもらい健康になってもらおうといった企業もあります。健康づくりへの取組みをポイントに換算するなどにより給与や賞与に反映する企業も存在しています。

効率良く働くという観点だけでなく、「社員の健康への取組み＝企業業績」といった感覚に近づきつつあり、職場や仕事を考えるにあたって一番優先すべきものが健康問題なのではないでしょうか。

このような健康問題への取組みの「当たり前化」の流れを現場レベルでも認識して

いくことが望ましいでしょう。また、健康問題を現場での働き方改革を推し進める原動力とすべきでしょう。働き方改革の成果としての健康という考え方もいいのですが、より健康であるために働き方をいかに変えられるかといった視点や行動様式が当たり前になる必要があります。

2 心の健康

(1) ストレスチェックの義務化

心の健康は個人の問題だけではなく職場の問題でもあります。職場や仕事には多くのストレッサー（ストレスを引き起こす要因）が存在し、私たちは常にストレスにさらされています。労働の負荷が量なのか質なのかということで、その受けるストレスも異なります。

厚生労働省の「平成24年労働者健康状況調査」によると、強い不安、悩み、ストレスを感じる事項があるという労働者は６割強ですが、仕事や職業生活に関する不安、悩み、ストレスの内容として、「仕事の量の問題」「仕事の質の問題」（両者とも５人に１人程度）はもちろんですが、それよりも多いのは「職場の人間関係の問題」（４人に１人程度）です。職場の環境がそのストレスを助長するか圧縮するかを左右します。本人の感じ方やストレスの蓄積度合いなどを見極め、それぞれに応じて対処すべき方向を決めましょう。

労働安全衛生法の改正により2015年12月からストレスチェックが義務化されました。「職業性ストレス簡易調査票」（図表４－５）にある57のチェック項目の概要は、職場環境によるストレスに対処すべき方向性を検討するにも、役立つはずです。

メンタルヘルスに不調をきたした者は、自身を恥ずかしいと感じたり、休養後会社に出にくくなったり、また、かえって疎外感を感じたりすることがあるかもしれません。本人も周りも、他の病気と同様に適切に対処すれば治るという意識をもつことが肝心です。

心の感じ方の多様性から目をそむけていた過去があったならば「働き方改革」による微妙な変化によってメンタルヘルスの不調が自然に改善へと向かうような職場づくりが大切です。

図表4－5　職業性ストレス簡易調査票の57項目

A　あなたの仕事についてうかがいます。最もあてはまるものに○を付けてください。

	そうだ	まあそうだ	ややちがう	ちがう
1．非常にたくさんの仕事をしなければならない	1	2	3	4
2．時間内に仕事が処理しきれない	1	2	3	4
3．一生懸命働かなければならない	1	2	3	4
4．かなり注意を集中する必要がある	1	2	3	4
5．高度の知識や技術が必要なむずかしい仕事だ	1	2	3	4
6．勤務時間中はいつも仕事のことを考えていなければならない	1	2	3	4
7．からだを大変よく使う仕事だ	1	2	3	4
8．自分のペースで仕事ができる	1	2	3	4
9．自分で仕事の順番・やり方を決めることができる	1	2	3	4
10．職場の仕事の方針に自分の意見を反映できる	1	2	3	4
11．自分の技能や知識を仕事で使うことが少ない	1	2	3	4
12．私の部署内で意見のくい違いがある	1	2	3	4
13．私の部署と他の部署とはうまが合わない	1	2	3	4
14．私の職場の雰囲気は友好的である	1	2	3	4
15．私の職場の作業環境（騒音、照明、温度、換気など）はよくない	1	2	3	4
16．仕事の内容は自分にあっている	1	2	3	4
17．働きがいのある仕事だ	1	2	3	4

B　最近1か月間のあなたの状態についてうかがいます。最もあてはまるものに○を付けてください。

	ほとんどなかった	ときどきあった	しばしばあった	ほとんどいつもあった
1．活気がわいてくる	1	2	3	4
2．元気がいっぱいだ	1	2	3	4
3．生き生きする	1	2	3	4
4．怒りを感じる	1	2	3	4
5．内心腹立たしい	1	2	3	4
6．イライラしている	1	2	3	4
7．ひどく疲れた	1	2	3	4
8．へとへとだ	1	2	3	4
9．だるい	1	2	3	4
10．気がはりつめている	1	2	3	4
11．不安だ	1	2	3	4
12．落着かない	1	2	3	4
13．ゆううつだ	1	2	3	4
14．何をするのも面倒だ	1	2	3	4
15．物事に集中できない	1	2	3	4
16．気分が晴れない	1	2	3	4
17．仕事が手につかない	1	2	3	4

18. 悲しいと感じる	1	2	3	4
19. めまいがする	1	2	3	4
20. 体のふしぶしが痛む	1	2	3	4
21. 頭が重かったり頭痛がする	1	2	3	4
22. 首筋や肩がこる	1	2	3	4
23. 腰が痛い	1	2	3	4
24. 目が疲れる	1	2	3	4
25. 動悸や息切れがする	1	2	3	4
26. 胃腸の具合が悪い	1	2	3	4
27. 食欲がない	1	2	3	4
28. 便秘や下痢をする	1	2	3	4
29. よく眠れない	1	2	3	4

C　あなたの周りの方々についてうかがいます。最もあてはまるものに○を付けてください。

	非常に	かなり	多少	全くない
次の人たちはどのくらい気軽に話ができますか？				
1．上司	1	2	3	4
2．職場の同僚	1	2	3	4
3．配偶者、家族、友人等	1	2	3	4
あなたが困った時、次の人たちはどのくらい頼りになりますか？				
4．上司	1	2	3	4
5．職場の同僚	1	2	3	4
6．配偶者、家族、友人等	1	2	3	4
あなたの個人的な問題を相談したら、次の人たちはどのくらいきいてくれますか？				
7．上司	1	2	3	4
8．職場の同僚	1	2	3	4
9．配偶者、家族、友人等	1	2	3	4

D　満足度について

	満足	まあ満足	やや不満足	不満足
1．仕事に満足だ	1	2	3	4
2．家庭生活に満足だ	1	2	3	4

（出所）厚生労働省「職業性ストレス簡易調査票（57項目）」

⑵ 4つのメンタルヘルスケア

メンタルヘルスケアとは、すべての働く人が健やかに、いきいきと働けるような気配りと援助をすること、およびそのような活動が円滑に実践されるような仕組みをつくり、実践することをいいます（厚生労働省「労働者の心の健康の保持増進のための

図表4－6　4つのメンタルヘルスケア

セルフケア	従業員	ストレスやメンタルヘルスに対する正しい理解 ・ストレスチェックなどを活用したストレスへの気付き ・ストレスへの対処 ※セルフケアには管理監督者も含めるべき
ラインによるケア	管理監督者	職場環境等の把握と改善・労働者からの相談対応・職場復帰における支援など (1)「いつもと違う」（以下例の一部）部下の把握と対応 ・遅刻、早退、欠勤が増える ・休みの連絡がない（無断欠勤がある） ・残業、休日出勤が不釣合いに増える ・表情に活気がなく、動作にも元気がない（あるいはその逆） (2) 部下からの相談へ相談しやすい環境や雰囲気を整える (3) メンタルヘルス不調の部下の職場復帰への支援
事業場内産業保健スタッフ等によるケア	産業医・衛生管理者・保健師・人事労務担当者	セルフケア及びラインによるケアが効果的に実施されるよう、労働者及び管理監督者に対する支援を行うとともに、次に示す心の健康づくり計画の実施に当たり、中心的な役割を担う ・具体的なメンタルヘルスケアの実施に関する企画立案 ・個人の健康情報の取扱い ・事業場外資源とのネットワークの形成やその窓口 ・職場復帰における支援、など
事業場外資源によるケア	事業場外の機関・専門家	事業場外資源によるケア ・情報提供や助言を受けるなど、サービスの活用 ・ネットワークの形成 ・職場復帰における支援、など

（出所）　厚生労働省「こころの耳」

指針」参照)。「セルフケア」「ラインによるケア」「事業場内産業保健スタッフ等によるケア」および「事業場外資源によるケア」の４つのケアを継続的かつ計画的に行うことが重要とされています。各人がメンタルヘルスの知識や意識をもち（セルフケア)、管理層が配慮や目配りや現場環境の整備を行い（ラインケア)、人事部門や経営層を中心に活用資源・体制を整え（事業内・事業外ケア)、これらが適正に連携するような各階層での対応が機能してこそメンタルヘスケアといえます。

(3) ハラスメント

メンタルヘルスの不調を引き起こす要因として、ハラスメントの存在があります。簡単にいえば、ハラスメントは嫌がらせです。端的にイメージを表す面があるとはいえ、いまや「○○ハラスメント」という言葉がたくさんあることは悲しむべきことです。

昔、ロサンゼルスに転勤した先輩が一時帰国した折、前任者からの引継ぎで「女性の髪型を誉めただけでもセクハラ認定される可能性があるので気をつけたほうがいい」といわれたという話を聞き、驚いた覚えがあります。今ではセクシャルハラスメントについては男女雇用機会均等法により事業者にその対策が義務づけられていますが当時は感覚も希薄でした。職場での常識が社会の常識とかけ離れていたら問題です。パワーハラスメントに関しても、昔の教育的指導は問題事例になる可能性が高くなっています。感じ方の問題もありますが、内容によっては刑法などに触れる犯罪となりえます（名誉毀損・傷害罪等）。周りがやっているからよいといった感覚は少なくとも捨てないといけません。

以下は、厚生労働省のウェブサイトに掲載されているパワーハラスメントの６類型です。

①	身体的な攻撃 ・・・・・・・	暴行・傷害
②	精神的な攻撃 ・・・・・・・	脅迫・名誉毀損・侮辱・ひどい暴言
③	人間関係からの切り離し ・・	隔離・仲間外し・無視
④	過大な要求 ・・・・・・・・	業務上明らかに不要なことや遂行不可能なことの強制、仕事の妨害
⑤	過小な要求 ・・・・・・・・	業務上の合理性なく、能力や経験とかけ離れた程度の低い仕事を命じることや仕事を与えないこと
⑥	個の侵害 ・・・・・・・・・	私的なことに過度に立ち入ること

自分が思っている感覚と、相手の受止め方に違いがあるのはよくあることです。自分や周りの常識に齟齬がないか、職場の常識と時代や社会の常識にズレはないかという自問が必要です。大きな問題になることを防ぐためにも、少しでも気になる点があれば、職場のなかでハラスメントの情報共有や常識のすり合わせを行いましょう。

POINT

- 「ワーク・ライフ・バランス」の実現には、「健康」が最重要項目
- 「快適職場指針」や「事務所衛生基準」を参考に、健康に過ごせる職場づくりを目指そう
- 過重労働を避け、心と体の健康をみんなで目指そう

コラム 非公式のコミュニケーションの必要性

業務連絡など職場での公式なコミュニケーションに対して、非公式のコミュニケーションは、気づきや発想の機会になったり、お互いの距離を近づけ信頼感を養ったりもします。メンタル面でも重要な役割を果たします。第３章「組織運営」で記載した「声かけ」もその代表例でしょう。

たばこの問題を考える際に喫煙仲間にとっては、たばこがいわば情報交換なども含む非公式コミュニケーションの媒介物でもあります。

平成10年前後と記憶しています。すでに、オフィス内での喫煙はご法度となり、３畳程度の広さの喫煙ルームが憩いの場であり情報交換の場でもありました。いまはやめていますが、私も当時は「喫煙グループ」の一員を担っていました。しばらくして、禁煙に取り組んだ私が困ったことの１つが、喫煙室での他課の喫煙グループとの情報交換がなくなったことです。何度も気づきをもらっていた喫煙室での非公式なコミュニケーションがなくなったことは痛手でした。

近頃では、たばこでなく、コーヒーなどの飲料や別な媒介物（トランポリンや卓球台など）による非公式コミュニケーションづくりを試みる企業も多くなっています。旅行・運動会の復活もある意味似ています。これらは企業のトップ自らが率先してないと普及できない面もありますが、非公式のコミュニケーションが職場を活性化させる大きな役割を果たすことを再認識し、意識改革や職場環境そのもの再構築につながる非公式のコミュニケーションを生む仕組みや習慣づくりなどを経営・現場の双方が広い視点で考えることが大事でしょう。

第5章

能力開発

1 能力開発なしに働き方改革はなしえない

1 能力向上による好循環

(1)「能力開発」と「人財化」

第３章で述べましたが、チェスター・バーナードは、組織を「意識的に調整された２人またはそれ以上の人々の活動や諸力の体系（システム)」と定義しています。組織は、活動のシステムを担う人次第であると考えれば、その活動のシステムを持続的に支えるための能力開発と人材の人財化（組織にとって価値ある財産である人財にすること）が欠かせません。業務の成果や効率に寄与するためには、各人の能力を引き上げることが必要です。

自身の成長を実感することに喜びを感じない人はいないでしょう。担当業務の遂行以外の場面などで自身を成長させる取組みが自己啓発といえます。「働き方改革」による成果である「自分の時間」を自己啓発への活用に向けることは、ワーク・ライフ・バランスの実現でもあり、自身の成長の喜びを追求する取組みといえます。

ところで、自己啓発に取り組む動機にもさまざまなものがありますが、「仕事に役立つ」「人生に役立つ」の２つの両面によるものが多いでしょう。つまり、業務にも関連する自己啓発、「やりたいこと」「なりたい姿」を想定しての自身の人生に必要な自己啓発、といった目線で、どのような取組みを行うか考えるといいでしょう。

「仕事に役立つ」「人生に役立つ」という両面は相いれないものではなく相乗効果を生むものです。業務に直接関係のない素養であっても、間接的に業務遂行の能力を高め、仕事へのモチベーション維持に寄与することはよくあります。企業は、社員の能力開発について、健康と同様に責任をもつ時代といってもよく、管理者はそのような観点で部下の育成に臨まなければなりません。個人にとってもそのような機会・費用・時間を有効に使う権利と諸配慮を行う企業への寄与の両方を実現する意識、積極的な努力が必要といえます。

⑵ 能力向上による好循環の構図

図表５－１は、能力開発・能力向上を起点にした働き方改革の構図です。「個人の能力開発→組織力の向上→労働時間の減少→余力の捻出→使える時間の活用・成果の分配→意識や常識の変革→ワーク・ライフ・バランスなどの実現→組織風土の改善・持続性→個人の幸福など」という流れになります。この過程を経た結果として能力が向上することにより、さらにまた次のステップへと個人の能力開発の意欲につながり、継続的な好循環が生まれます。

⑶「ワーク」＆「ライフ」と組織とのエンゲイジメントを高める

「人財」は経営の資源であるといわれますが、単なる資源ではないはずです。第１章で「ワークエンゲイジメント」について述べましたが、「エンゲイジメント」の本来の意味は、「約束・婚約」などであり、個人と組織の関係性においては、「個人と組織がお互いに成長し合う関係」「相互の絆を深めること」という意味になります。上記の能力向上による好循環は、ワークのみならずライフも含めたエンゲイジメントの実現につながるといえます。結果としての果実も大事ですが、その過程を実感・共有していくことに意味があり、能力開発を発端として現れた「絆」が、持続的（サステイナブル）な関係や組織の風土、文化を支える源泉になるでしょう。

図表５－１　能力向上による好循環

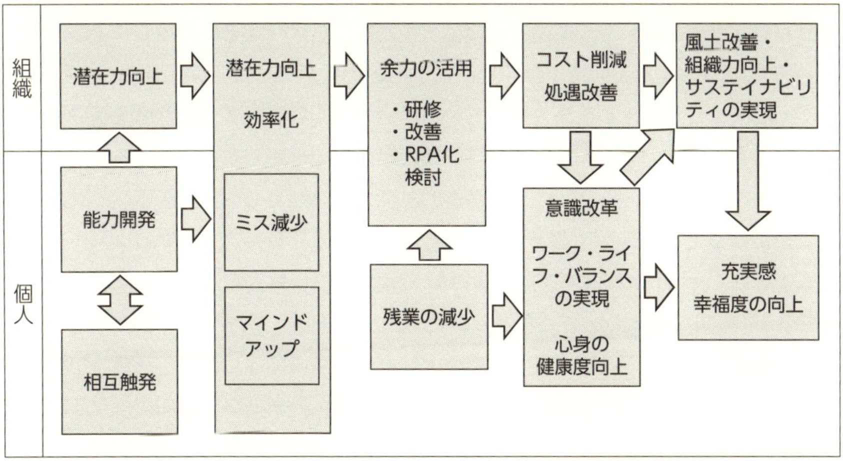

2 開発すべき能力とビジョン

(1) 業務遂行に必要な基礎的能力

能力開発といってもその能力は多種多様です。「基礎的素養」「専門知識」「対人能力」などさまざまなものがあり、得るものとしても、「知識」「スキル」「ノウハウ」「資格」などがあります。また、これらを獲得する目的や場面などにより、「業務遂行能力」「業務関連の自己啓発」「業務に関連しない自己啓発」などに分けられるでしょう。限定的な能力、それらを統合化した能力という見方もあり、そのレベルもまちまちです。

業務を遂行するにあたっての基礎的な能力として、「知識・スキル」「認知・理解力」「思考・判断力」「対人能力」「意欲・態度」「推進力」などが考えられます。さらに、ブレークダウンし、たとえば、対人能力ならば、コミュニケーション力やリーダーシップを必要な基礎的能力としてあげ、そのレベル感とともに整理していることもあるでしょう。

しかし、例えば、「柔軟性」といった能力を数値化することはむずかしく、また、各部署によって求められる能力やレベル感が異なるため、一律的に基準を示すことはむずかしいものです。厚生労働省の「職業能力評価基準ポータルサイト」には、業種や職種を区分した職業能力評価基準などが掲載されており、参考になります。自身の仕事に関しての能力開発を考える際には、類似する職種・職務に記載されている「求められる経験・能力」や「関連する資格・検定等」などが参考になるでしょう。

一方、1つの能力を引き上げるためには、他の能力も必要です。また、一見1つの能力を向上させるために努力をしている場合でも、意識せずその習得過程で他の能力（たとえば集中力など）も向上していることがあるはずです。

特に「コミュニケーション力」は基礎的な能力のなかでも重要性が高く、働き方改革を進めるうえでもキーになる能力ともいえます。「コミュニケーション力」をあげる取組みは、その他の能力の向上が相まって実現され、能力全般の向上に寄与するはずです。「認知・理解力」や「思考・判断力」を駆使し、論理的にものを考える能力なども必要であり、知識や理解力・判断力なども相互に関連します。必要な知識が高まれば会話力もあがり、表現力が向上すればよりスムーズにコミュニケーションができるようになるというわけです。

さらに、時間や仕事が変化すれば求められる能力も変化します。近頃では、ビジネススキルとして、「コンセプチュアルスキル（概念化能力）」が欠かせないといわれています。これは、企画的な仕事や複雑化する業務の全体像や処理の進め方をしっかりととらえ、ばらばらで抽象的な目的等を概念としてかたちにし、具体的な行動へ変換させ進める能力です。ある意味、基礎的な能力が複合化したような能力ともいえ、基礎的な能力を身に付けることが重要であることには変わりません。

⑵ キャリアの積上げ・複線キャリアの要請

① これからの時代のキャリア形成

キャリアの発達過程では、若年期はワークアビリティ（仕事の処理能力）が向上する時代であり中年期以降はエンプロイアビリティ（雇われる能力）へステップアップするとされています。そこでは、管理や判断などの能力、基礎的能力を複合・統合化して力を発揮することが求められます。ほかの仕事や企業外で通用する能力を発揮できるレベルということになります。

リンダ・グラットンとアンドリュー・スコット著の『LIFE SHIFT（ライフ・シフト）』（東洋経済新報社）のなかでも、だれもがセンテナリアン（百寿者）になり、人生100年が当たり前になるなかではサードキャリアが必要と語られています。これまでの「現役とリタイア後」といったステージ分けでなく、長期化する人生や金銭的な面の問題もふまえ、定年後の第２ステージのキャリア（リタイア後も稼げる力）、さらに80歳以降の３つ目のステージにおけるキャリアも求められるとしています。

この２つ目・３つ目のステージでは、別の観点、たとえば、社会に寄与するといったソーシャルアビリティ（筆者の造語）や、人生を楽しむための仕事という意味でのライフアビリティ（筆者の造語）といった概念を意識した能力開発が必要と考えます。これらのステージへの能力開発を企業・個人の両方で考えるのが「働き方改革」の流れでもあり、３つ目のキャリア（サードキャリア）を意識したキャリアの積上げや複線的なキャリア形成が不可欠になります。

② セルフ・キャリアドック

このような時代が訪れたなか、さまざまな「気づき」を得る機会として、定期的なキャリアコンサルティング等を受ける仕組みの導入を厚生労働省が後押ししています。それが「セルフ・キャリアドック」です。人間ドック同様、船体点検のための「ドック」を用いた言葉になっています。2015年に改訂された「日本再興戦略」等の政府方針に基づき、厚生労働省が中心となり、2016年度からその普及と推進を図っているものです。

厚生労働省が作成した「「セルフ・キャリアドック」導入の方針と展開」では、「セルフ・キャリアドック」を以下のように定義しています。

> 「セルフ・キャリアドック」とは、企業がその人材育成ビジョン・方針に基づき、キャリアコンサルティング面談と多様なキャリア研修などを組み合わせて、体系的・定期的に従業員の支援を実施し、従業員の主体的なキャリア形成を促進・支援する総合的な取組み、また、そのための企業内の「仕組み」のことです。

企業にその仕組みづくりを求め、個々人に主体的なキャリア形成を求めるかたちとなっています。また、「自立」でなく「自律」という言葉を使った「キャリア自律」が強く意識されています。「キャリア自律」は以下のとおり説明されています。

> 自分自身のキャリアビジョンをしっかり持ち、中長期的な視点から計画的・主体的な行動の積み重ねを行い、自分のキャリアを構築することです。社会・組織のあり様の変化の中で、職業生活設計に基づいて能力開発等に積極的に取り組み、社会・組織の環境変化や個々のライフキャリア上の節目に対応して、キャリア充実に当事者意識と意欲を持ち、能力を発揮できるよう、自己のキャリアビジョン・目標、それに基づくアクションプランを作成し、その実践を図り、また、能動的に自己の役割やチャンス・成長を３年から５年の中長期的な視点で作っていくことです。

サードキャリアなどを念頭に、このような仕組みなどを利用しながら中長期的な視点での自律したキャリア形成を主体的に考えることが求められています。まさに、これらを「前向きな気づきの機会」ととらえられれば、前述した「エンゲイジメント」にもつながるとともに、ライフプラン的な視点での人生の展望などを描くことにもなるはずです。

③ 「なりたいキャリア」を目指した複線的キャリア形式を

いまは、自身のキャリア・人生をデザインする時代であり、自らの仕事の傍ら次のキャリアを意識し行動することが求められています。複線的キャリア形式は「単線的なキャリア形式」に比べ、能力開発の広がりと早期化をもたらします。たとえば、副業の解禁とともに英語力を生かして家庭教師業を行い、いずれは個別指導の会社設立も考え会社経営の勉強も行ったところ、普段触れ合わない世代と接することでコミュニケーション能力が向上したり、業務にも役立つ複合的な能力の向上が早まるでしょう。

また、「成行きのキャリア」ではなく「なりたいキャリア」への追求がもたらす能力開発は、高いモチベーションに基づく取組みとなり、格段に効果的なはずです。やらされ感とそこからの逃避としてのリタイアでなく、やりたいことで生涯現役といった方向に近づけることが理想です。

2 職務遂行上の能力開発～コミュニケーションの改善に役立つ態度や能力を考える

1 カウンセリングに学ぶ～「聞く（聴く）」「寄り添う」「認める」「支援する」

働き方改革によって、組織のコミュニケーションの状況が改善され、「風土」の改善が実現・定着するという大きな果実が期待されます。その土台となるのが、所属員の一人ひとりのコミュニケーション力（対人能力）の向上といえます。

コミュニケーション能力を考えるにあたって参考になるのが、「カウンセリング」です。カウンセラーには、「聞く（聴く）」「寄り添う」「認める」「支援する」といった態度が問われます。これらの態度は、カウンセリングの効果を左右します。

相談者の自己効力感（できそう・やろうと思える力）を高めることを目指すものであり、ある意味、「ワークエンゲイジメント」の熱意・没頭・活力を伴う心理状況へ導くこともいえます。「聞く（聴く）」「寄り添う」「認める」「支援する」こそ、職場でのコミュニケーションをはじめとする職務遂行能力等を高める基本だと考えられます。

2 「聞く（聴く）」

(1)「聞く」＋「寄り添い」＝「聴く」

「「聞く」ではなく「聴く」です」とキャリアカウンセラー養成講座で教わったことがあります。英語でいえば、「聞く」はhearで、「聴く」はlisten、つまり注意を向けて聞くということです。「聴く」という漢字をよくみるとつくりに「十四」があり、喜怒哀楽のなどの14の心を聞くことだという人もいるようですが、このつくりが「直」と「心」であり「耳を傾けて素直な心で聞く」「相手の心に耳を向ける」といった漢字の成り立ちという説も有力のようです。そこには、相手の言葉でなく気持ちを聞くこと、心に寄り添うというニュアンスを感じます。「聞く」＋「寄り添い」＝「聴く」というわけです。

講座のセッション（カウンセリング模擬練習）のなかでは、カウンセラー役が相手の話を以下のような３つの態度で聞き、クライアント（相談者）の気持ちがどのように異なるかを体感しました。

① 横を向いて無表情で聞く（クライアントは聞いているのかもわからない）
② 顔を時折みながらもつまらなそうに聞く
③ うなずきなどを入れ、相手の感情に合わせるように聞く

聞く態度によって相手の感じ方は違います。人の話を聞くとき、言葉を受け止める以上に、表情・語調・しぐさなど非言語コミュニケーションで気持ちを受け止めています。①②の後のクライアント役は、「嫌な気持ちになった」「話すのもやめたくなった」といいます。③の後のクライアントは、「もっと話したくなった」「話していて楽しかった」といいます。つまり、「聞く」ことを「聴く」ことにする心構えとスキルがコミュニケーションには不可欠ということです。

(2)「聴く」は相手の心に「効く」

私たちは職場で話をする際に「聴く」を意識できているでしょうか。上記のカウンセリング講習のセッションでの①や②のような光景は、職場でも見かけます。嫌な気持ちは残り、伝ぱすることもあります。聞く態度やその受け止められ方で職場の雰囲

気は良くも悪くもなります。忙しい人ほど気をつけなければなりません。いまは聞けないことを伝え、後にしてもらったほうがコミュニケーション上もよいでしょう。「聴く」は相手の心に「効く」と思うべきです。

機会があれば、職場での打合せの機会にでも上記のセッションと同様の研修を行うとよいでしょう。「聴く」の意識とスキルがあがるとともに「聴いてもらう」能力へも効果があります。

(3)「寄り添う」

「聴ける」ことはあらゆる能力の源泉になります。相手の話からの思考能力・分析力・想像力などが養われるからです。管理職は部下の話を聞いている間に「判断力」が暴走することが往々にしてあります。相手の気持ちや意図するものを解釈し、もともとある自分の知識を用いて結論を急ぐわけです。「字が下手な人は逆に弁が立つから出世する」ではないですが、「話はわかった。君の考えは○○だからこうしよう」と、少々強引に話を打ち切るという人も少なくありません。そこには「寄り添う」が足りていないといえます。

私も、キャリアカウンセラー講習では、セッションを聞いている先生から「クライアントの意図を曲解しています」「しゃべりすぎですね」などとよくいわれました。相手の話を十分に聴く前に解釈して確認する癖があったようで、そのためにクライアントが話すよりカウンセラー役の私のほうがたくさんしゃべっていたわけです。先生には、「言換えも必要ですが、相手の言葉をその語調で繰り返してみるのもいいです」といわれました。相手の言葉と語調は気持ちの産物です。相手の気持ちを体感することになります。また、相手も鏡で自分をみることになりますので、何かに気づくことがあるわけです。

カウンセリングと職場での報告や打診などは違うと考える方もいるかもしれませんが、基本は同じだと思います。相手の希望（話の本質）と相手から出てくる言葉が違うケースも多いはずです。本当は調整をしてほしいことを文句としていっているかもしれません。言葉だけでなく、気持ちやいいたいことへ「寄り添うこと」ができてこそのコミュニケーションです。そしてこれは、上司から部下だけではなく、部下から上司の場合でもいえることでしょう。

⑷「認める」～支援する・支援される

気持ちに寄り添い、話の表面だけでなく考えを「認める」ことが次に必要です。「寄り添い」の後、相手の気持ちや考えを認めるのも心であり、それだけ深い心の動きがあれば、相手への認知を高めることができます。良いことも悪いことも、自身の価値観にこだわらず認めることも必要です。

昔、部下の名前を覚えない上司がいました。「相手を認めれば自然に名前が頭に入るのでは」「認める過程を無意識にないがしろにしていたのではないか」と疑いたくなります。ただ、「認める」は漢字では、言葉に耐え忍ぶですが、その後の「ほめる」「叱る」「許す」「感謝する」といった相手へのメッセージ、つまりどう認めているかを伝えてこそ、認めることに意味が生じると思われます。伝わることでその後のコミュニケーションが決まることもあります。これこそが対人能力の肝かもしれません。

⑸「ほめる」はモチベーションの源泉

「ほめる」ことはモチベーションの源泉です。慢心はいけませんが、ほめられると前向きな姿勢が生まれ、ほめ方1つで人間は変わります。ただ、表現力などの問題はあるにせよ、ほめ方にスキルはあってないようなものと私は思っています。「ほめる」ということは、認めたことを素直に表現して伝えることであり、誇張や虚偽などはもってのほかです。認める力が「ほめる」などの力を自然に高めるはずです。

プレゼントをもらうとうれしい人が多いでしょうが、心の重荷になるという人もいます。それに対し「ほめる」というプレゼントはもらう人の負荷にあまりならない、むしろ前向きになれるプレゼントではないでしょうか。プレゼントは贈るほうもうれしくなるものです。認めることとそれを伝えることは、認め合うWIN・WINの関係につながるというわけです。

「叱る」場合は、いいところを認めることとセットで行うことが大切です。枕詞でもいいですし、話の終わりに「期待しているからいうんだよ」というなど、認めていることが伝わるメッセージを添えることでもいいでしょう。

認めることまでできると、相手にこうなってほしいとか、こうしてもらいたいという気持ちが出てきます。それを「促し」や「支援」として表出することで、次の道筋を共有できます。また、受け止める側との間に認め合う関係ができていれば、支援される力が引き出されます。このことは、物事を進めるうえで、常に問題や意識を共有化・共通化して、同じ目線で一緒に考え、行動の振り返りや修正なども進めやすくします。

3　自己啓発により外でも通用する能力を開発する

1　自己啓発の動機と計画

(1)　自己啓発の動機～ワーク・ライフ・バランスに基づいた内発的動機が必要

「自己啓発」を英語でいうと「self-development」です。「自身を開発する」と読めます。辞書的にいうと、「自分自身の意思に基づき、知識・スキルなどを高め、能力向上・精神的成長を実現するための学習・訓練など」ということになるでしょう。「自分自身の意思」、つまり、内発的な動機に基づき主体的な姿勢で取り組むものが自己啓発です。嫌々なら意味がありません。ワークエンゲイジメント（熱意・没頭・活力が伴う状態）ならぬ、「ラーニングエンゲイジメント」の状況で進まないと続かないものでしょう。

「図表５－１　能力向上による好循環」にあるような現場の改善などと相まった自己啓発の取組みが、個人にとっても組織にとってもメリットがあると理解できれば、内発的な動機も高まるでしょう。

(2)　自己啓発への取組み方

自己啓発にあたっては、「ワーク・ライフ・バランス」の視点が必要と申し上げました。「仕事に役立つ」自己啓発と「人生に役立つ」自己啓発の２つの目的のいずれかに偏ることなく、バランスの良い自己啓発の計画を立てることがポイントです（図表５－２）。

業務遂行に必要な資格がある場合は、その資格取得が優先されます。金融機関でいえば、証券外務員資格などがこれに当たるでしょう。内発的な動機に基づくものでは

図表５－２　自己啓発の分類例（例：銀行員）

業務遂行目的	業務関連	異分野	人生の楽しみ
証券外務員資格 生保募集人資格 損保募集人資格 ファイナンシャル・プランニング技能士資格	PCスキル向上 TOEIC 話し方 ロジカルシンキング	健康管理能力検定 マーケティング講座	農業体験 薬膳料理教室

なく、業務命令に近く義務感として取り組み始めるかもしれませんが、業務遂行に必要な知識を得ることができるものですから、前向きにとらえるようにしましょう。

次に、その知識や能力があると業務に好影響を与えるものが考えられます。これは、「仕事に役立つ」ものとしての内発的動機に基づく取組みといえます。この能力開発によって業務効率化などが図られることや、新たなサービス・商品開発への発想につながることがあるものですから、自身のキャリアアップだけでなく組織にとっても好影響をもたらすものといえます。

さらに、「人生に役立つ」という観点から、「異分野の自己啓発」と「人生を楽しむための自己啓発」があげられます。前述したとおり、人間力を高める効果も期待できますが、特に「異分野の自己啓発」に関しては、企業に依存しない働き方（生き方）や人生100年時代の考えからも、自身の無形資産（能力）を増やすものとして、今後重要になってくるものでしょう。

2 資格取得は能力発揮の素地と自信を生む

(1) 資格取得は目標なのか

自己啓発などの具体的な目標やマイルストーンとして、資格取得を目指すことが多くあります。法令上、業務に必要な資格もありますが、基本的には自己啓発はあくまでも能力・成長を得る過程であり、資格の取得が目的ではありません。

社会保険労務士を取得した知人が合格後、「合格したのはいいんだけど、何か目標がなくなったような感覚です」といった燃え尽き症候群的な言葉を口にしていました。私も銀行に在職中に社会保険労務士の資格を取得しましたが、その間の学習における労働保険や社会保険の知識の高まりが、管理職としての仕事に役に立ったこともあり、幸いにしてそのような感覚にはなりませんでした。そして、合格・登録後は、これからの人生の選択肢を考えることやさらに足りない知識を埋めたいといった意識をもちました。

資格の取得はあくまで能力を高める過程を照らす灯台みたいなものでしょう。自身の能力形成の証・勲章になり手応えや達成感になったことは素直に喜んでいいと思いますが、そのことで本質を忘れないようにしたいところです。

(2) 労働環境関連に必要な人材は衛生管理者

第4章のなかで、職場環境の基準などの話を記載しました。労働安全衛生法には、常時50人以上の労働者のいる職場では「衛生管理者」を置くことが義務づけられています（労働準監督署への届出も必要)。また、銀行などの業種では、常時10人以上50人未満の労働者のいる職場において衛生推進者を選任（届出は不要）する必要があります。衛生管理者には国家資格（衛生推進者は講習の受講など）の取得が必要で、これには第一種と第二種があり、第一種衛生管理者免許を有する者は、すべての業種の事業場において衛生管理者となることができます。第二種衛生管理者は有害業務と関連の少ない業種（金融・保険業など）で必要な資格です。

衛生管理者の主な職務は、労働者の健康障害を防止するための作業環境管理、作業管理及び健康管理、労働衛生教育の実施、健康の保持増進措置などで、衛生推進者も役割は同様です。第二種衛生管理者試験レベルの知識を職場で共有するだけで、職場の環境改善マインドの向上は高まるはずです。

もう１つ、お勧めしたいのが「eco検定」です。「複雑・多様化する環境問題を幅広く体系的に身に付けるための環境教育の入門的な位置づけの試験」といわれ、「環境に関する幅広い知識をもとに率先して環境問題に取り組む人づくりと環境と経済を両立させた「持続可能な社会」の促進」を見据えた内容になっています。社会人としての常識的な意識をもつという観点で必要な試験ではないかと考えています。

(3) 資格３種の神器

働き方改革を意識して考える際に、上記の２資格以外にも、業務に直接役立つ資格・検定試験として紹介したい資格があります。「メンタルヘルス・マネジメント試験」「知的財産管理技能士試験」「ITパスポート試験」です（図表５－３)。先ほどの自己啓発の分類に当てはめると、「業務関連」に該当するもののため、他業種と比較する場合でも、自分の市場価値を高める要素の１つになるでしょう。

①メンタルヘルス・マネジメント試験

メンタルヘルス・マネジメント試験は、「働く人たちの心の不調の未然防止と活力ある職場づくりを目指して、職場内で役割に応じて、必要なメンタルヘルスケアに関する知識や対処方法を習得する」試験として、大阪商工会議所が主催する試験です。メンタル面の意識を常にもつこと、メンタル不調者への対応に必要な知識をもつことは、自身のみならず周囲との関係においてもきわめて重要です。メンタルヘルス・マネジメント試験はⅠ種：マスターコース、Ⅱ種：ラインコース、Ⅲ種：セルフケアコースの３つの階層があります。少なくともⅢ種で自己管理について、Ⅱ種で職場の管理面についての知識を身に付けるとよいでしょう。

② 知的財産管理技能検定

２つ目は知的財産管理技能検定です。対外文書の作成・取引先との交渉・契約などすべての場面で知的財産への意識・感性をもちつつ仕事を進めることは不可欠であり、特許・商標・著作権などのリテラシーが業務効率やリスク回避につながります。知的財産への配慮をおろそかにすることが業務への大きな危険因子といえます。１級は専門業務となっており難度も高く一般知識レベルといえませんので、管理業務を念頭にした２級（中級）・３級（初級）をお勧めします。２級・３級は「知的財産管理に関する業務上の課題を発見し、大企業においては知的財産管理の技能及び知識を有する上司の指導のもとで、また、中小・ベンチャー企業においては外部専門家等と連携して、その課題を解決することができる技能及びこれに関する知識」を測ると

図表５－３　５資格の概要

資格・試験等の名称	主催	時期	備考（登録など）
第一種衛生管理者 第二種衛生管理者	安全衛生技術試験協会	センター試験：随時 出張試験：年１回程度	免許申請が必要 （印紙代等が必要）
eco検定	東京商工会議所	７月・12月	特になし
メンタルヘルス・マネジメント試験 （Ⅰ種・Ⅱ種・Ⅲ種）	大阪商工会議所	公開試験：11月・３月 （Ⅰ種は11月のみ）	団体試験も可能 （Ⅱ種・Ⅲ種）
知的財産管理技能検定 （２級・３級）	知的財産教育協会	３月・７月・11月	特になし
ITパスパート	情報処理推進機構	随時	CBT方式

（出所）　各主催団体の発表内容に基づき筆者作成

いうレベルです。３級の知識は初歩的なもの、２級の知識は基本的なもの、また、２級は３級より自律的課題解決ができる能力を測る内容であり、いわば入門と中級といったところです。知的財産、たとえば、資料づくりなどで著作権を意識しながら作業するかしないかで大きな違いが生じます。

③ ITパスポート試験

３つは、ITパスポート試験です。どんな業種でも最低限のITスキルは必要です。習うより慣れろといった感覚でパソコンを操作できている人もあらためて基礎的な知識に向かい合えます。「ITを利活用するすべての社会人・学生が備えておくべきITに関する基礎的な知識が証明できる国家試験」とされています。入門レベルではありますが、パソコンの基本機能やセキュリティの重要性などについてどの程度基本的なことを理解しているかを確認する内容であり、知識のチェックとして受験し、不足している知識は補うようにするとよいでしょう。特に、50代以降の人はITの知識を体系的に勉強する機会がなかったと思いますので、お勧めします。さらに、いまではスマホ世代といわれる若い世代において「PCが使えない」人が増えているといわれていますので、若年層へもお勧めできる試験です。

⑷ 関連資格の積上げ

後述コラムで紹介する社会保険労務士・中小企業診断士・産業カウンセラーなどについては、資格取得後の各協会への登録や資格維持のための年会費等がかかります。まずは、会社の補助がないか確認することが不可欠です。また、取得に時間がかかるような学習負荷が高いものもあるため、代替資格などをステップとして考えるのも１つの手でしょう。

自己啓発で得られる知識や成長を徐々に積み上げることでもよいと思います。たとえば、社会保険労務士や中小企業診断士には、関連する資格や検定があります（図表５－４）。社会保険労務士を目指すにあたって、まずは、衛生管理者と年金アドバイザーを取得するといった、パズルのピースを埋めていくようなアプローチも考えられます。自分が目指す自己啓発領域でも同じような状況があるかもしれませんので、一度検討してみましょう。なお、自己啓発に伴う金銭面の問題を前提に考えることは本末転倒かもしれませんが、会社補助など以外の支援として雇用保険の教育訓練給付や中小企業の社員を対象にした公的機関の研修制度などの制度も積極的に利用されるとよいでしょう。

図表５－４　法令と関連する資格

	科目		関連資格等
社会保険労務士試験	労働科目	労働基準法・労働安全衛生法	衛生管理者、メンタルヘルス・マネジメント試験
		労働者災害補償保険法	
		労働保険徴収法	
		雇用保険法	産業カウンセラー、キャリアコンサルタント
		労働一般常識	
	社会保険科目	健康保険法	社会福祉士（国家試験）
		国民年金法	ファイナンシャル・プランニング技能士、年金アドバイザー（銀行業務検定）など
		厚生年金保険法	
		社会保険一般常識	DCプランナー
中小企業診断士試験	経済・経済政策		経済学検定（日経）
	財務・会計		簿記検定（商工会議所）、財務（銀行業務検定）
	企業経営理論		社会保険労務士の一部分、MBA
	運営管理		
	経営法務		知的財産管理技能士、法務（銀行業務検定）
	経営情報システム		ITパスポート
	中小企業経営・中小企業政策		金融業務３級業種別ベーシックコース

4　能力開発へのモチベーション

1　セルフ・ハンディキャッピングが邪魔をする

心理学の用語で、「セルフ・ハンディキャッピング」という言葉があります。ハンディキャップ（不利な条件）があることをあらかじめ宣言するなど、できないことの言い訳を事前につくることで、失敗したときには「自分のせいではない」「仕方ない」と思い、成功したときはハンディキャップがあるのに成功したと評価を得るように、予防線を張るような心理的な防御行為です。努力の回避を正当化し、自分と向き合わず逃げることになります。

私たちが、自己啓発に臨む際にもセルフ・ハンディキャッピングは顔を出します。「忙しいから」「私の能力では無理に決まっている」という自己防御行為です。一流アスリートは逆にセルフ・ハンディキャッピングの欲望を抑え、「できる」と宣言することで自分を奮い立たせて能力を最大化するようにマインドアップします。セルフ・ハンディキャッピングが顔を出したら、自分に向かって「この問題を乗り越えれば夢に近づける！」といった言葉をかけるなど試みましょう。一人で解決できない問題にぶつかったら、同じ資格取得を目指す職場の同志に教えてもらうとよいでしょう。そのためにも、資格取得を宣言して相互の応援や助け合いにつながる空気が職場にあることが理想です。もし、能力開発に取り組めないなどの状況があれば、その理由はセルフ・ハンディキャッピングに当たらないかを考えみてください。自身の思考様式のチェックになるとともに、解決すべき対象がみえてくるかもしれません。

2 すべての場面が能力開発

自己啓発だけが能力開発ではなく、日常すべてが能力開発です。クランボルツ教授の「計画された偶発性理論」は、自分の進む道で偶然にめぐり合うものすべて（困難やチャンス）は後からみればあたかも計画されていたかのような偶然であり、その偶然に対する態度や対応によりその後が変わっていく、いってみればすべての歩みが糧になるといったものです。心持ち次第ですべてが天啓になるといったイメージに近いかもしれません。日々の出来事１つひとつが能力開発・キャリア形成であり、何か進む方向を示してくれるものと考えてみることが大事でしょう。目の前のものをしっかり受け止めることができてこそです。日々の出来事を流すことをためらう意識・行動がカギとなります。

POINT

- 能力開発による能力向上がなければ良い働き方改革は実現しないととらえ、自己の能力開発のビジョンをもとう
- 管理者であるならば、部下の能力開発を促すために、カウンセリングから学べるコミュニケーション術を習得しよう
- 自己啓発は、社外でも通用する能力を身に付けることを意識しよう

コラム 金融機関に勤務する人のステップアップに最適な3資格

1. 中小企業診断士

金融機関に勤務する人であれば、証券外務員といった法令上必要な資格以外にも、その専門性を確保すべく証券アナリストやファイナンシャル・プランニング技能士などの資格取得を検討することが多いでしょう。さらに専門性を高めるために、これまでに紹介した資格・検定の内容も内包したマルチな資格として、中小企業診断士の資格取得をお勧めします。中小企業診断士協会のホームページに以下の説明がありますが、中小企業診断士は、この資格がないとコンサルタント業務ができないというものではなく、一定の能力の証明であり、登録を行うことで診断士協会の情報提供などを受けることができるものです。

特に、この資格をお勧めする理由は1次試験の内容にあります。1次試験は以下の7科目のマークシート方式です。

この7科目の範囲は、中小企業の経営に必要な業務の関連知識等を網羅的に問う内容になります。また、最新の情報や法改正を反映するかたちとなっており、いわば、いまビジネスに必要とされる原点となる知識から最新情報までを学習できます。融資担当の方などで保有されている方もいらっしゃると思いますが、その他の業務を担当する方も、マルチな知識の習得を念頭に取得を考えてよいと思います。

経済・経済政策	マクロ経済とミクロ経済の知識が問われる
財務・会計	財務会計と財務諸表等による経営分析の知識が問われる
企業経営理論	経営戦略論・組織論・マーケティング論の3分野知識が問われる
運営管理	生産管理や販売管理の知識が問われる
経営法務	民法や知財など広範で最新の法令知識が問われる
経営情報システム	ITの知識とその経営への活用の知識や方向性などが問われる
中小企業経営・政策	中小企業の経営の実態・特性、公的な支援制度などが問われる

2. 社会保険労務士

管理者や人事労務の担当者には、社会保険労務士をお勧めします。労働社会保険諸法令に基づく書類の作成や提出等について、報酬を得て業として行える唯一の国家資格です。社会保険労務士の資格取得に必要な知識は、その範囲も広く、その知識の深さも要求されます。独自学習でなかなか合格しにくく資格取得のために学校へ通学することなども検討する必要があります。

3. 産業カウンセラー

産業カウンセラーも、管理者や人事関係の業務に就く方にお勧めの資格です。カウンセラーの養成・技術指導などを行う日本産業カウンセラー協会の認定資格です。日本産業カウンセラー協会のウェブサイトには「心理的手法を用いて、働く人たちが抱える問題を自ら解決できるよう援助する、働く人のサポーターです」と説明されています。産業カウンセラーも養成講座で傾聴訓練などが必要なため、社会保険労務士と同様に、長期間の通学などが必要です。費用や時間も相当に要求されますので、相応の覚悟が必要です。

第6章

生産性向上と業務改善

1 真の働き方改革のためには生産性向上の裏付けが必要

1 「労働時間削減」と「品質向上」の両立のためには、生産性向上が必須

労働時間を減らし、かつ仕事の質を維持するためには生産性の向上が必須条件です。長時間労働是正等、労働時間の削減に取り組んでいる方々は、どのような目標や施策を掲げ、それらをどのように達成していくかなど苦慮されていることと思います。これ自体、容易な課題ではありません。

労働時間削減と品質向上をともに実現するためには、悪習の除去にとどまらず、仕事、さらに業務全体をより効率的なものへと改善、さらには変革していく必要があります。わが国における、オフィスワークなどの非製造業の生産性向上は、製造業に比べ大幅に取組みが遅れていると指摘されています。働き方改革の実効性を確実に進めていくためにはぜひともこの領域での生産性向上を具体的に進めていく必要があります。

そして、結果としてそれが実現できたとしても、それを継続するためには、どのようにしてそれを実現できたかが重要なポイントとなります。

2 オフィスワークの生産性とは

ここであらためて「生産性とは何か」ということについて考えてみましょう。一言でいえば、投入された資源がどれだけ生産に貢献したか、ということです。簡単な式で表すとわかりやすく、分母を資源（インプット）、分子を生産の成果（アウトプット）とすることにより、分母の貢献度合いを定量化することができます（図表６－１）。これは、もともとは製造業での考え方で、１つの製品を何人でつくれるか、同じ人数でどれだけ多くの製品、高い価値のある製品をつくれるかという管理に使われてきました。分子の「成果」については「量」と「質（付加価値）」の２つの面から評価することができます。

これを身近な例で考えてみましょう。たとえば１日100杯のラーメンを提供して

図表6－1　オフィスワークの生産性向上

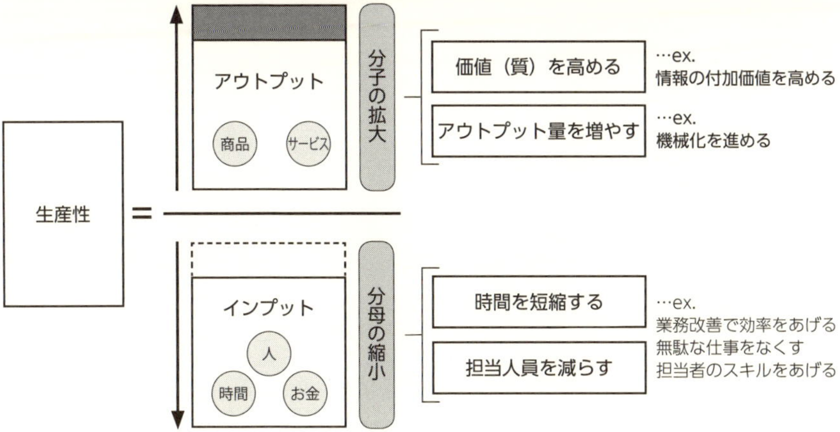

いるお店があったとします。これを主人一人で経営しているのと、夫婦二人でやっているのでは、生産性は前者が２倍高いことになります。また、一人で100杯つくる場合でも、単価500円と1000円では付加価値においては後者が２倍高いことになります。

ホワイトカラーの仕事についてもこれに当てはめて考えることができます。100件の入力業務を10人でやるのか20人でやるのか、契約１件の金額が５万円か10万円かで大きく差が出ます。また、100件の入力を10人でやる場合も、７時間で完了する場合と10時間を要する場合では、前者のほうが生産性が高いということになります。ただし、ホワイトカラーの仕事では、数字だけでは評価できないケースも多くあります。顧客ニーズに積極的に対応することでより良いサービスを提供できれば、より付加価値の高いアウトプットが得られることになります。

いま説明をした考え方から、同じ成果をより短い時間で出す、または同じ時間でより多くの量、またはより高い付加価値を出すことが生産性の向上です。残業削減と品質向上を両立させるためにはまさにこの取組みが不可欠といえます。

3 生産性をアップするための方法（総論）

オフィスワークの生産性を向上させるための一般的な方法について考えてみましょ

う。基本方針は、以下のとおりです。

① ムダな仕事をなくす
② 一人ひとりのスキルを向上させる
③ 単純作業は機械に置き換える

まず、同じ量の仕事をより少ない人数、またはより短い時間で完了するためには、ムダな仕事を減らすことから始めます。最優先はミスやトラブルの後始末といった後ろ向きの仕事です。そして、再発防止策の検討を未然防止策の工夫へと発展させると、さらに業務の効率化につながります。

次に、一人ひとりのスキルをアップする方法があります。これは、作業や処理の熟練度を増すためのトレーニングにより実現します。さらに、機械に置き換えることができれば飛躍的に生産性があがります。電卓からスプレッドシートの自動計算機能に代えることなどが身近な例です。特に、近年急速に普及し始めたRPA（Robotic Process Automation）には大きな期待が寄せられています。RPAは、個々の作業のスピードアップだけでなく仕事の流れ、業務全体を見渡しての改善にも大きな効果を発揮する可能性があります。これらの取組みにより、分母の縮小と分子（量）の拡大が可能となります

分子の「付加価値（質）の拡大」については、ちょっとした工夫で顧客満足度をアップすることが可能であるため、モノづくり以上に柔軟に対応できると考えられます。毎日同じ仕事をやっていると、もうこれ以上改善の余地はないと思い込んでしまいがちです。金融機関の業務のように法令等のさまざまな制約条件のもとで行う仕事については、特にその傾向が大きいのではないでしょうか。しかし、与えられた条件のなかでも、工夫次第で改善は可能です。

4 オフィスワークの構造

ホワイトカラーの仕事が扱う対象は情報です。その情報に対して、各当事者が何らかの加工を行い、そして当事者相互で連携しあいながら最終的にサービスを提供しています。たとえば、お客さまから受領した取引依頼書には、どのような金融商品をどれだけ買いたいかなど、その方のニーズに関する情報が記載されています。それをも

とに、その価格がいくらか、その商品の販売に必要なリスクに関する説明はどのようなものかなど、必要な情報を確認しながら手続を進めます。普通預金から出金して投資信託Aファンド100万円を、NISA口座を開設して購入したいとお客さまからの申出を受けたとします。このとき、①社内のシステムでお客さまの普通預金に100万円の残高があるかを確認する、②投資信託Aファンドがお客さまに合った商品であるのか確認する、③お客さまが他社にNISA口座を開設していないかを確認し、④お客さまが記入した申込書を処理担当者に回付し、⑤社内のシステムなどを使用して登録・申込手続を行うことで、お客さまへのサービス提供は完了します。このように、ホワイトカラーの仕事は、「情報の加工と連携によりサービスを提供する業務」と定義することができます。そして、経理、総務、給与厚生などの社内業務も、同じような仕組みで社内サービスを提供しているのです。

これはあたかも工場でのモノづくりと同じような構造です。製造業では「前工程」や「後工程」という言葉をよく使います。これは、自分の作業の前後でだれがどのような作業をしているかを明確にすることが目的です。そして「後工程はお客さま」という考え方に基づき、常に自分の作業に責任をもち、その後に続く仕事に迷惑をかけないように進めるというものです。そして、全員がこのように仕事を行えば、最終的にお客さまにわたる製品は良い品質のものになるわけです。

5 目にみえない情報（＝オフィスワークの手順）を共有する方法

ホワイトカラーの仕事を管理するためには、どのような情報をどのような連携のもとに扱い、最終的にだれにどのようなサービスを提供しているのかをみえる状態にし、それを各当事者でしっかり共有しておく必要があります。たとえば、営業担当者が出先や店頭でお客さまから「急ぎで！」と頼まれた情報が、次の工程、さらに次の工程へと正しく伝わらなければ、そのニーズを満たすことはできません。また、お客さまから預かった通帳について、郵送ではなく「店頭受取り」の依頼があれば、最終的な事務処理にまでその情報が伝わらないと正しい処理ができません。

情報連携を徹底することは、同じオフィスでお互いの顔がみえる状態でも容易ではありません。なぜなら、情報そのものは目にみえず、輪郭もあいまいだからです。したがって、複数の人が協働して扱う場合は、つど文字情報などで定着させないと、正確な共有がむずかしいのです。テレワークなどでお互いの顔が直接みえない環境では、そのリスクはますます大きくなります。この問題を解決するためには、まず、業務全体フロー図を作成し、そしてそのなかにどのような情報が流れているかが記載して活用することが効果的です。

仕事の対象が情報という無形物であることによるもう１つの問題が「属人化」です。仕事を手際よくこなすベテランの担当が異動や退職でいなくなった後に、ミスやトラブルが起きることがあります。マニュアル、手順書がないと混乱は避けられませんが、それらがあっても記載内容に不備や漏れがあるとトラブルが起きる可能性があります。

これらのミスやトラブルは、ベテラン担当者の頭のなかで展開されている加工プロセスが外側からはみえないため、他の人と共有できていないことが原因です。情報加工はたくさんのプロセス（工程）から成り立っています。一人の担当者が幾つものプロセスを経てアウトプットを出し、それを受けて後工程にあたる別の担当者が複数の工程を進めます。そしてそれらの工程ではすべて頭のなかで情報を処理しながら「記入する」「入力する」などの作業によりアウトプットがつくられていきます。各人の頭のなかでの処理が共有できていないと、正しいアウトプットが出せない結果となります。

このような問題を防ぐためには、だれがやっても同じアウトプットが出せるように作業の手順や具体的な方法を整備し、手順書などで共有できる状態をつくる必要があります。これを標準化といい、もとはモノづくりの仕事で取り入られてきました。同じ品質の製品を効率的に生産するために、作業手順と方法を統一するのです。

オフィスワークでは、わざわざマニュアルや手順書を作成しなくても、見よう見まねでできてしまうことが多いものです。このようなツールを作成することを大げさで不要なことだと感じる風潮もあるでしょう。しかし、これらのツールがないためにいざというときに困ったり、ミスやトラブルが起きたりするのです。したがって、常に新しい仕事を始める場合にはマニュアル等をきちんと作成し、また、その後の法令改正や商品改定などの変更をつど反映させながら運営していくことが必要です。そして、外国人労働者など、文化の異なる人たちと一緒に仕事をする場合はこの必要性が大きく増していきます。「こんなことは常識」と考えていることが、まったく通じない結果になる場合も考えられます。正しいアウトプットを確実に出していくためには、「いわなくてもわかるはず」という暗黙知のまま放置せず、標準化を進めることが必要です。

6 シニア人材活用やテレワークへの対応

働き方改革テーマのなかでは高齢者の活躍も期待されています。豊富な社会経験、業務知識をもつ高齢者を活用することは組織にとっても、また高齢者の生きがいの面からも望ましいことです。一方で高齢者は加齢に伴う身体的機能の衰えが避けられず、またこれは個人差も出てくるものです。したがって、このような戦力を活用していく時代には、それにあわせたさまざまな配慮や工夫が必要です。特に視力の低下により小さい文字がみにくい、照度の低い環境ではみえにくいという制約がありますので、帳票の設計、オフィス環境の整備の観点から具体的な対応が求められるのは前述のとおりです。

また、働き方改革の取組みのなかでテレワークが話題となっています。インターネットを通じて仕事のやりとりを行うことにより、自宅や外出先などのオフィス以外の場所でも同じように仕事ができるというものです。取引先を訪問しての商談が夕方終わり、その報告をオフィスに戻って作成したら残業になってしまいます。翌日に回せればそれでもよいのでしょうが、翌朝の始業時点で上司や同僚と情報を共有している必要があればその日のうちに報告をすませる必要があります。取引先周辺、または自宅までの経路の途中などにパソコンで報告作業ができる場所があれば、インターネットを使って残業せずに用件をすませることができます。労働時間を短縮して同じ効果をあげるという点でメリットがあります。また、育児や介護等の必要から在宅勤務をする場合もインターネットの活用により、オフィスとの情報共有を保ちながら自宅のパソコンで仕事をすることができます。このようにインターネットサービスの利便性や情報セキュリティの向上により、残業削減や働く機会の拡大が実現しています。

しかし、これに伴う弊害、落とし穴にも注意が必要です。たとえば、同じオフィスでお互いのようすがみえていれば、作業の進み具合について確かめあったり、「念のために」という感覚でつど声をかけたりすることが可能ですが、テレワークの場合にはネットを通じた情報文字情報に頼るしかありません。ウェブカメラ等の活用である程度補うことも可能ですが、直接の対面でのコミュニケーションと同じようにはできません。指示された条件が正確に伝わっていない状態で作業を行ってやり直しが発生したり、後から割り込んできた新しい条件が伝わらずに不十分な作業となってしまったりするリスクもあります。

このような弊害を極力なくすために、最近ではコミュニケーションをサポートするスマホアプリの活用などの研究・普及も進められています。しかし、ここでいちばん重要なことは、仕事全体の流れ方をきちんと理解し、お互いの仕事のかかわり方がみえている状態をつくることです。これができていれば、仕事を進めるなかで発生するさまざまな状況変化に的確に対応することができます。言い換えると、これができていないと、どんなに便利なツールを渡されても問題は解決できないということです。

POINT

- 仕事の質を落とさず労働時間を削減するために生産性向上を目指そう
- オフィスワークは「情報の加工と連携によりサービスを提供する業務」である
- 情報は直接目にみえないので、当事者間の連携がしっかりとれる体制をつくろう
- テレワーク導入は、仕事全体の流れを共有して進めよう

2 生産性向上の第一歩は、ミス、トラブル、手戻りの防止から

1 ミス、トラブル、手戻りに伴う損失を理解する

では、生産性をアップしていくためには具体的にどのような取組みを行えばよいでしょうか。その第一歩はミス、トラブル、手戻りなどに伴う「後ろ向き」な仕事の防止です。言い換えると、「本来はやる必要がないにもかかわらず、やらざるをえなくなった仕事」の発生を食い止めることです。「生産性向上」を、もっと前向きでかっこいい言葉としてイメージされている方は意外に思われるかもしれませんが、オフィスワークの現実を考えるとこの「ミス、トラブル、手戻りを防止する」というテーマは重要で、最も優先すべきものなのです。

その理由は、これらの後ろ向きな仕事が発生すると、さまざまな損失や弊害が起き、生産性に悪影響を及ぼすからです。そしてさらに注意すべきことは、損失や弊害

図表6－2　ミスにより生産性が下がる図式

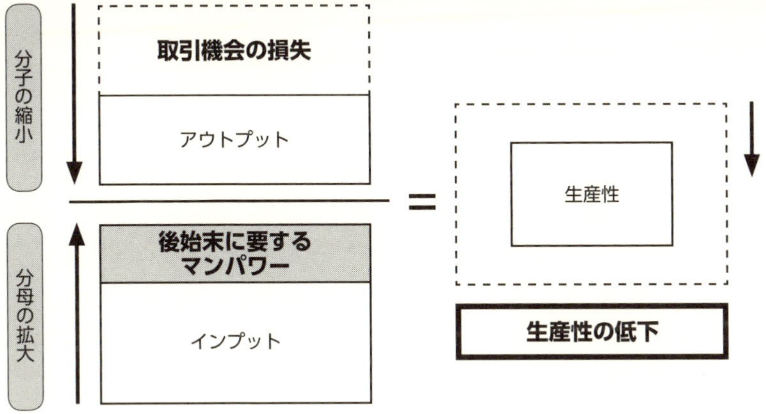

の大きさについて、当事者が必ずしも正確に認識できていない場合が多いのです。

たとえば、取引内容を業務システムに入力する際にミスがあり、その結果お客さまに経済的な損失が発生した場合は、当然のことながら自社の負担でそれを弁償する必要があります。さらに、そのお客さまへはお詫びとともに事の経緯や事後処理について説明し、了解を得るという仕事が発生します。また、社内では営業や管理部署と連携するための報告や打合せも行われます。これら一連の後始末に伴い、実務担当者はもちろんのこと、その上司や関連部署の多くの人たちの時間と労力が費やされます。そしてこれらすべては前節で説明した生産性の式の分母（人員×時間）を膨らませる原因となるのです。これらの余計なコストが発生している事実をきちんと把握していないことが多いのではないでしょうか。ミス、トラブルに伴う弊害は、お客さまに大きな影響を及ぼすことからも、最も優先的して解決すべき問題だといえます。

また、ミスやトラブルの影響は直接目にみえるものだけではないことにも注意が必要です。まず、ご迷惑をかけたお客さまの信頼を回復することは容易ではありません。その後の取引、サービスにおいて手違いがないように万全を期すのはもちろんですが、本当に信頼を回復できるようになるまでには実績の積重ねのために長い時間を要します。さらに、ミスやトラブルに関するうわさ、情報が他へ伝わると、「どうもあそこは信頼できない」という悪い風評がその後の事業展開に水を差すことにもなりかねません。

本来やるべき前向きな仕事に費やす労力を、ミス、トラブルの後始末に使ったことにより、新しいビジネスのチャンスを失っている（機会損失）ことも忘れてはなりません。そして、万一後始末の仕事に明け暮れることになると、その人のモチベーションはいや応なしに下がってしまいます。このような状態は、また次のトラブルが起きる温床ともなりかねません。これが、ミスやトラブルに伴って生じる損失と生産性の低下の悪循環の姿です。

ミスやトラブルに至らなくても、「やり方が間違っていた」「情報不足で対応が不十分であった」などの不具合が発覚して作業をやり直すケースも生産性を下げる結果となります。事故として表面化しないのであまり問題とはならず、「気がついてよかったね」ですまされるケースが多いと思いますが、「やり直し」「手戻り」も不要な労力を費やしたという点で、明らかに生産性を下げる要因です。したがって、この問題も含めて「後ろ向きな仕事」を防止することにより、全体としてかなりの「分母（人員×時間）」が節約され、前向きな仕事（分子を増やす仕事）に振り向けることが可能となります。成果の維持発展のためにも、「ミス、トラブル、手戻りの防止」という課題は、優先度が高いのです。では、これらの問題が起きないようにするためには、どのような対策を検討していけばいいのでしょうか。

2 ミス・トラブルが起きる12のパターン

ミスやトラブル防止に真剣に取り組んでいる方々からいただくご相談のなかに「単純なミスが減らなくて困っている」というのがあります。「どうしてこの人がこんなミスをするのか？」と首をかしげたくなるようなトラブルがなくならないというものです。この問題の解決策を検討するにあたっては、まず、オフィスワークにおいてミスが発生しやすい状況を知ることが必要です。交通事故でも、どこでもいつでも同じように起きるのではなく、急なカーブ、見通しが悪い曲がり角などにおいて事故が多いので、ドライバーは注意を払うようにしていると思います。どういうときが特に危ないのかをあらかじめ知ることは、ミス・トラブルを防止するうえで有効です。

以下の12のパターンは、筆者がこれまで現場の管理者として経験し、またコンサルタントとしてご相談を受けた事象を分類したものです。

① 量が多くて、疲れる、飽きる、手抜きがしたくなる

取引急増などにより処理量が増えると長時間にわたり作業を行うこととなります。人間は機械と違い時間とともに疲労します。これに伴い、作業上の注意点に気を配りながらやっているつもりでも、いつの間にか注意力が散漫になっていきます。さらに、「このペースでやっていたら終わらない」と気づくと、「何か手抜きができないか」を考え始めます。「もうちょっと楽にできないか？」と考えることは人間の習性の１つといわれています。この習性があるからこそ、蒸気機関やコンピュータが発明され、科学技術が発達したわけです。しかし、作業中に勝手な判断で「きょうは量が多いからこのチェックは省略しよう」とすませてしまうとどうなるでしょうか。もともと手順書等で決められたチェックの作業内容や手順は、ミスを防ぎ、正確なアウトプットを出すために必要な工程です。それをその場の勝手な判断で省略してしまうのは、まさに「手抜き」であり、ミスやトラブルが起きる危険性が増します。

② 時間に追われて、気持ちが焦る、手抜きを迫られる

処理すべき元データが毎日正午近くに入り、システム運用や取引ルール等の制約から入力作業を午後３時までに終わらせる必要があるケースを考えてみましょう。持ち時間は３時間程度です。午前中に前倒しで入ってきてくれればいいですが、正午にドカンとまとめて入る場合もあるかもしれません。また先ほどの①の例のように、量が多い日もあるでしょう。そのなかでどうしても所定時間内に作業を終わらせる必要があると、気持ちに焦りが出てきます。まずこのような精神的に不安定な状態は、人間の注意力に対してマイナスの方向に作用します。そして、この場合にも「このペースでやっていたら間に合わない」という危機感により、いつもやっているチェックを省略するなどの「手抜き」が始まるリスクがあります。

③ 作業が習慣化していて、上の空になる

量もいつもと同じ、特に時間に追われているわけではない状態でも危険は潜んでいます。たとえば、その作業にようやく慣れてきた頃は、それまでの注意力をフルに使わなくてもできるような気持ちになり、いつの間にか上の空になることがあります。「上の空」には、翌日の作業に関する気配りなど、業務上必要なことを考えている場合も含まれます。チェックすべき項目が5カ所あって、それらをすべてやったつもりでも、実は１～２カ所抜けていた、などということが起きているかもしれません。

④ 一連の作業の最後にある、比較的簡単な作業は気が緩む

複雑な作業には集中力を要します。むずかしい作業を一生懸命にこなした後、最後に残った簡単な作業に落とし穴が潜んでいることがあります。その理由は、そこで気が抜けるからです。数人のチームで法人顧客宛て月次報告書を数百件作成し、最後に宛名シールを貼った封筒に入れて郵送するという作業がありました。報告書作成は大変高度なスキルを要するため、ベテランが担当し、見事な仕事ぶりでした。しかし、残念なことに、A社の報告書をB社宛ての封筒で誤送するミスが起き、ダブルチェックをかけても再発が防止できないという事例がありました。資料に印刷した住所を窓開き封筒で表示して送ることができない制約条件がありましたが、「封入」という最後の作業までを注意力だけで乗り切るのは限界を超えていたと痛感しています。試行錯誤の末、資料作成担当とは別のアルバイト二人チームが最後の封入作業だけを専門に担当する方式に切り替えて何とか解決できました。これは、人間の注意力の限界を前提として、作業工程を分離した改善事例といえます。

⑤ 自分以外に二人以上のチェックが入ることを知っていると、手抜きが始まる

人間は間違えることを前提に仕事を組み立てる必要があります。ダブルチェックの必要性、有効性はここにあります。一方で、安全を期すためという理由からチェック者を二人、三人と増やしたらどうなるでしょうか。同じようなチェック漏れミスが続くと、管理者の立場からは「一人のチェックで見つけられないなら二人がチェックするように」とか、場合によっては「そのうえでさらに管理職が必ずチェックするように」ということがいわれるケースを見かけます。この方法が危険であることは、綱引きで説明できます。一人ずつが相対して綱引きをやる場合は、真剣にやらなければすぐに負けてしまします。これが10人ずつに分かれてやるとどうなるでしょうか？「今日は腕が痛いからほどほどに……」という人がいても気づかれないかもしれません。また、各人は真剣にやっているつもりでも、心理的には「みんなでやっている」という安心感もどこかにあるのではないでしょう。チェック作業も同じことで、「後二人みているはず」という安心感がいつの間にか手抜きにつながる危険があります。「最後は課長がみてくれるから」というのもとんだ勘違いです。業務知識や経験が必要なチェックなら話は別ですが、単純作業は人間である以上、平等にヒューマンエラーのリスクがあると考えるべきでしょう。

⑥ 他人から頼まれた不本意な気持ちで行う作業は、身が入らず集中できない

人間が一度に使える注意力は限られているという点から、「身が入らない状態」も危険が増しています。要は、本気になれない状態、斜に構えている状態では注意力発揮はますますむずかしくなります。本当は自分の担当ではない仕事や作業を不本意なかたちで頼まれた場合などが１つの例です。心のなかで「どうして自分がやらなきゃいけないんだろう」「こっちの仕事は締切り間近なのに……」という気持ちが強く働いている状態では作業に集中することはきわめて困難でしょう。そこまで感情的な状態でなくても、そもそもが「お手伝い」的な姿勢で臨む仕事への真剣度はおのずと限界があるものです。本人はまじめにやっているつもりでも、「当番だから仕方ない」という取組姿勢そのものが注意力を損ねていないか、十分に注意が必要です。

⑦ 似ている「もの」や「こと」を取り違え、誤認する

名前が似ているが別物、というのがあります。首都圏の駅名でも「武蔵小山」と「武蔵小杉」や「五反田」と「五反野」などは似ているので、特に慣れていない人にとっては待合せ場所を間違える原因ともなりかねません。また、薬の名前が似ていてもまったく効用が異なり、誤って服用すると危険なものもあることから、医療関係者はさまざまな工夫をしています。オフィスワークにおいても、取引や帳票の名称、法人取引先の名称などが似ているケースではミスやトラブルが起きるおそれがあるので管理に工夫が必要です。

似ているので要注意という点では、モノだけでなく、コトに関しても当てはまります。たとえば、請求書作成など、似ている別の作業は終えているが、本来やるべき作業が残っているにもかかわらず、すべて終えたと勘違いするミスとなります。

⑧ 電話、声掛けが頻繁にあるため、集中できない

データの照合や確認を大量に行う際は、特に集中力の確保が必要です。一方、「電話は３コール以内に応答」や「上司に呼ばれたらすぐに返事をして席を立つ」などは職場のルールやマナーとして当然に求められる行動習慣です。しかし、集中力を要する作業の途中で頻繁に中断を迫られる状況では、正確な作業は望めません。

⑨ アクシデントや装置の不調など、いつもと違うことが起きて注意力を奪われる

人間は「いつもと違うこと」が起きると、注意力や関心が一挙にそちらに集中します。トラブルの発覚、顧客クレーム、システムの不具合、急病人の発生など、めったにあることではないだけに、いったん発生するとちょっとした「事件」となります。これらの事態に迅速に対処することが求められますが、一方で日常業務は淡々と進めていかねばなりません。その際、関心とエネルギーが突発の「事件」のほうにかなり奪われていることに注意が必要です。

⑩ 新任者等、作業方法を正しく理解していない人による、チェック漏れ、誤処理

仕事を覚えたての人、または覚えたつもりがあやふやな人が処理を間違えてしまうことはやむをえないことでしょう。個々の作業の意味（何のためのチェックか）や方法（どの項目をどのようにチェックするか）を正しく理解していなければ、正しい処理ができません。最も注意を要するのは、本人も周囲の人も「もうわかっているはず」と思い込んでいたところ、実は理解が誤っていたというケースです。

⑪ 異例ケースであることを認識できず、定例処理ですませてしまう

数多くの処理をこなすなかで、まれに出てくる特殊なケースを漏れなくとらえて正しく処理することは容易ではありません。たとえば、「○○市に住んでいる人だけは別の条件で取り扱う」という場合に、大量の処理を進めるなかでたまたま該当ケースが出たときに百発百中で射止めるのは至難の業です。さらに、この条件を知らないでその仕事をしていた場合にはその処理を間違えてしまうことになります。あたかも道標のない山道を歩いているような、危険な状態というべきでしょう。

⑫ 睡魔、二日酔、体調不良等、自己管理不良な状態

体調が悪いと注意力を十分に発揮することはできません。体調不良のままムリをすると、思わぬ事故につながりかねません。少なくとも、睡眠時間の確保、暴飲暴食を避けるなど、自分の責任でできることはきちんとコントロールしたいものです。

3 対策が「厳重注意」では何も解決しない

オフィスワークでのミスやトラブルは、「見落とし」「操作ミス」「失念」など、人間の行動（不作為を含む）によって引き起こされます。そのため、原因を考える際に「だれがやったか」ということが問われ、その人の行動の問題に関心が集中しがちです。いつもは正しくできているが、そのケースに限って行動を誤ったことが判明すると「原因は担当者の不注意」というかたちで収束しがちです。もう少し徹底しようとすれば、朝礼等で事例を紹介し、他の担当者が同様の間違えをしないよう、全員に対して注意喚起します。しかし、これで問題は解決するのでしょうか。

その当事者はもちろんのこと、注意喚起を受けたメンバーはその時点ではその点を強く意識して作業にあたるでしょう。しかし、半年、１年と時間が過ぎていけば人間の記憶はどんどん消えていきます。また、人事異動等で新しくその作業に加わったメンバーは１年前の注意喚起など知りようもないわけです。

中国の思想家で兵法を説いた孫子は「彼を知り己を知れば百戦殆うからず」という明言を残しています。戦争に勝つためには敵の状況を知り、自分たちの実力を知ることが必要という趣旨です。この教えはオフィスワークをミスなく効率的に進めるためにも当てはまります。この仕事がどのような特徴をもっているのか、そして人間はどのような特性をもち、また自分自身の現状の能力や傾向を知ることは大いに役立ちます。人間を知るという点で重要なポイントとして「人間は忘れる」ということと「人間が一度に使える注意力は限られている」ということがあります。まさに先ほどの例で「入力ミスがあったので皆さん気をつけましょう」の注意喚起は時間とともに記憶から去り、また過去に発生した問題ばかりに注意を集中するのは別の重大な見落としを生むリスクがあります。このことをふまえて改善策の検討に取り組まなければ、見かけだけの再発防止策に終わってしまいます。

4 他業種に学ぶヒューマンエラー防止策

「ヒューマンエラーは完全には防げない」ということを大前提にし、その対策を考える必要があります。「注意していれば間違わないはずだ」というのが最も危険な思い込みです。

ヒューマンエラー防止はどの仕事においても重要なテーマですが、特に人命を預かる仕事、事故が起きると人身に影響が及ぶ仕事では真剣に対策に取り組んでいます。交通機関、医療機関などはその典型といえます。したがって、これらの仕事で実施されている工夫をヒントに、オフィスワークでのミス防止を考えることは大変効果的です。

繁忙状態や慣れに伴う注意力低下によって事故が起きぬよう、鉄道では注意喚起を促す標識が使われています（図表６－３）。通勤に使っている電車も、各駅停車、快速、急行などにより停車する駅が異なります。運転士がうっかり通過してしまうことを防ぐために、どの種類の列車を運転しているのかの確認を促すために標識が使われています。

図表６－３　注意喚起を促す標識

また、運転士は地上信号の表示をつど確認しながら、前を走る列車との間隔に応じた速度コントロールを行っています。衝突を防ぐための安全システムが導入されていますが、運転士による信号確認は

事故防止に必要な重要な仕事です。運転士は通常これを一人で行っています。ダブルチェックがない状態で漏れなく正しく行うために、運転士は確認の対象である信号機を指差し、「出発進行（＝駅を出発するときの信号機が青表示）」と声に出して確認しています。これを指差喚呼といいますが、これを実行することでエラーの発生率を抑制できることが実証されています。また、航空機のパイロットは、飛行前にたくさんの機器類のチェックを行います。いつの間にか気が抜けてつい「うっかり」ということがあってはいけませんので、チェックリストを使っています。

似ているモノを厳重に管理する例としては、病院の薬剤部での特別管理棚があります。これは名称が似ている薬品だけを管理する専用の棚で、そこに保管されている薬を使う場合は特に厳重に扱うことにより誤用を避ける工夫です。

これらの事例を参考に、オフィスワークでもさまざまな応用が可能です。紛らわしい帳票類を混乱なく扱うために、タイトルや項目に注意喚起の表示を入れる、用紙の色で区別して誤用を避ける、漏れやすい作業に関してはチェックリストを活用するなど、みんなで知恵を出しながら工夫をすると効果があがり、また仕事に対するおもしろさも増してくるものです。

5 オフィスワークのリスク構造

(1) 情報の加工と連携

オフィスワークの本質を一般的に定義すると、「情報を加工し、連携しながらサービスを提供している仕事」であることは先に述べましたが、その意味を具体的にみていきましょう。

まず、仕事の対象は「情報」です。これがものづくりと異なる点です。情報それ自体は目にみえない無形物です。みえている場面もありますが、聞き取った内容を書いたメモ、システムやパソコン上のディスプレイでの表示、データが書き出されたリストなど、限られています。したがって、これをいつだれがみても同じように理解できるようにするためには、誤解のない表記、情報の散逸を防ぎ共有しやすいツールなど、工夫と仕組みが必要となります。

次に、受け取った情報をほかの情報と照合して内容を検証したり、計算等の処理を加えて結果を出したりするのが加工です。届出住所の変更など、すでにある情報を更新するのもこれに当たります。そして、取引の明細を新しい住所に送るケースでは、それらの作業を相互に整合性を保ちながら進め、最終的に顧客が必要な情報アウトプットを指定の場所へ送ることにより、資産管理などのサービスが提供されます。取引明細が誤って変更前の旧住所に郵送されたのでは、情報が顧客の手元に渡らず、サービスが提供できない結果となります。ここに連携の重要性があります。

情報連携は、法令改正、システム更改、異例処理対応などの場合にも重要なポイントとなります。法務セクションで法令改正事実を把握していても、それが実務処理の場面に反映されないと誤った様式やタイミングで情報が出ていくこととなります。また、システムの仕様が変更に伴い入力やデータ照合の作業方法が変わった場合は、そのことが徹底されていないと誤った結果を顧客に提供することとなります。さらに、顧客依頼に基づく異例処理を行うケースでは、その条件を営業から実務担当へ正確に伝え、実務担当相互の間でも通常と異なる条件を正確に認識しあいながら、求められているアウトプットを出していく必要があります。このように、仕事の対象である情報の連携が重要で、それを確実に行うための体制やルールが必要となります。

⑵ 潜在的な原因

オフィスワークで起きるエラーとして、誤記入、誤入力、チェック漏れ（見逃し）、処理失念などが代表的なものとしてあげられます。これらはすべてその作業を担当する人の行動により引き起こされます。そのため、いったん事故が起きると「担当○○さんが記入を誤った」とか「再鑑者○○さんのチェック漏れ」などのように、特定の個人の行為（ヒューマンエラー）が原因であるとされます。しかしそのままでは、その個人に注意を促すか、せいぜい周辺のメンバーへの注意喚起で話が終わってしまいます。しかし、残念ながらこのやり方では再発防止は望めません。各当事者は注意をしていたにもかかわらず運悪く間違えてしまったということも多いでしょう。また、注意を受けても時間の経過とともにその記憶は薄れ、さらに事後の異動で配属された人はその出来事すら知らない状態で同じ仕事を担当することとなります。

ミスが起きた状況を調べてみると、それを引き起こしたと考えられる原因は複数あることがみえてきます。誤入力を例にして原因の分析を行ってみると、以下のような原因があげられます。

① 作業対象の情報が小さい文字で書かれていたために読み間違う
② 作業で使う帳票とシステムモニターのレイアウトが不一致のため、入力する項目を誤る
③ 手順書の記載に不備があり、作業方法を誤解する
④ 不慣れな作業者が正しい手順を理解していないために、操作を誤る
⑤ 集中が必要な作業を、電話や来客等で作業が中断されやすい場所で行ったため間違う

先ほど述べたミスが起きやすい12のパターンとも関連しますが、このように1件のミスに対して複数の原因が絡んでいることが考えられます。このようにみていくと、ヒューマンエラーは根本原因ではなく、背後の原因に誘発されて引かれた「引き金」にすぎないことがわかります。そして、これらの原因は、日常の場面ではあまり目立った問題とはならずに見過ごされていることが多いものです。放置された状態で時間が経過しながら、あるとき突然ヒューマンエラーを誘発する、隠れた地雷のようなものです。

また、「誤入力」という同種のミスでも、その取引の種類、金額の大きさ、影響を受ける当事者の数や関係性などの諸条件により、事の重大性がまるで違ってきます。金額が大きければ当然大問題になります。また、そのリカバリーが困難、または不可能なケースも大きな影響を残します。したがって、「いつ、どのような潜在的原因でミスが起きるか」、そして「その影響がどれほど大きく及ぶか」、という2つのリスクの上に業務が営まれているといえます。

6 原因分析と対策検討の進め方

あるべき姿と現実にギャップがある場合、それを私たちは「問題」といっています。たとえば、「あるべき姿」は「ミスが起きない状態」、「現実」は「実際に起きた事故」と考えると、そのギャップが「問題」ということになります。そのうえで、その問題を解決するということは、少なくとも同じような事故が二度と起きない状態をつくることであり、これが「課題」となります。

問題を解決するためには、手順を踏むことが必要です。手順を踏まないと、「ミス

が起きたから全員を集めて注意喚起」とか「絶対に間違いが許されないから、三人がチェックする」といったような「対策の決め打ち」が行われます。注意喚起だけではことがすまないのは先ほども述べたとおりで、作業後に三人の人がチェックすることは業務効率が落ちるだけではなく、「12のパターン」の⑤で説明したように別の危険（＝手抜き）が生じるリスクもあり、いずれも有効な対策とはいえません。

ミス防止に向けた問題解決までの手順概要は以下のとおりです。

STEP1 背後に潜む問題点（原因）を漏れなく洗い出す（「なぜ」を５回繰り返す）
STEP2 重要な原因を絞り込む（複数の事象を引き起こしている原因が重要）
STEP3 絞り込んだ原因に対して複数の対策を検討する
STEP4 検討した対策に対して優先順位をつけ、上位３つに絞り込む
STEP5 対策実行のための計画を作成する（スケジュールを決める）
STEP6 計画どおりできているか定期的にチェックする

(1) STEP1 背後に潜む問題点（原因）を漏れなく洗い出す〜「なぜなぜ分析」

有効な対策に行きつくためには、原因を徹底的に分析する必要があります。１件のミスの背後に潜む問題点を漏れなく洗い出し、それらが相互にどのように影響しあっているかについて十分検討しながら原因分析を進めます。できれば「なぜそれが起きるのか？」を５回くらい繰り返しながら、より本質的な原因を探り当てる努力が望まれます。「担当者が作業手順を誤った」→なぜ？→「前任者から口頭で教わった内容を記憶に頼って実行していた」→なぜ？→「手順書はキャビネットの奥に収納されたまま使われていなかった」→なぜ？→「手順書の記載内容はわかりにくく、実務に使える状態ではなかった」→なぜ？→「そもそも手順書の管理運営が仕事に含まれていなかった」→なぜ？→「オフィスワークにおける手順書の重要性について認識できていなかった」……このような分析方法は「なぜなぜ分析」と呼ばれ、原因を突き止めるための有効な手法です。

(2) STEP2 重要な原因を絞り込む（複数の事象を引き起こしている原因が重要）

そして、この「なぜなぜ」を繰り返していくと、たくさんの項目が並びます。このままでは対策検討に進めませんので、重要な原因を絞り込んでいく必要があります。

絞込みのポイントは、「複数の事柄に影響を与えている原因は何か？」という視点です。先ほどの例では、手順書の必要性が認識されていないと、そもそも手順書がつくられないばかりか、仮につくられても「使わない」「メンテナンスしない」「学ばない」などの複数の問題を派生することになります。したがって、大元の認識が重要な問題ということになります。

(3) STEP3 絞り込んだ原因に対して複数の対策を検討する

このように漏れなく原因を洗い出し、それらの相関関係を整理しながら重要な原因、真の原因と考えられるものを絞り込んだら、次はそれを取り除くための対策の検討に入ります。ここでは、思いついた１つの方法にしがみつくような「決め打ち」を避けなければなりません。なぜなら、対策が１つだけだと、仮にその効果が思うように得られない場合には、そこで止まってしまうからです。可能な限り複数の対策を検討します。

(4) STEP4 検討した対策に対して優先順位をつけ、上位３つに絞り込む

複数の対策が出そろったところで、実行する優先順位を決めます。対策が複数あることに気づくことは大切ですが、それらを一度にすべて実行するのは困難なことが多いものです。また、本当にすべてを実行すべきかという点についても検討が必要です。実施した場合の効果の大きさ、効果が出るまでに要する時間、そしてかかるコスト等の評価を行ったうえで優先順位をつけます。優先度の高いもの上位３つ程度を選びます。優先順位を決める基準は具体的に以下のとおりです。

最も重要な基準は「効果」です。たとえば「見落とし（＝単純なミス）」を防ぐ対策としては、システム的（スプレッドシートを含む）にデータマッチングが可能であれば、「チェック作業の途中で休憩する」などの対策と比べてはるかに効果が高いと考えられます。

２つ目の基準は「コスト」です。たとえばスプレッドシートであれば安価に実現できますが、基幹システムの構築や大改定は多額のコストを要するために費用対効果の判断が必要で、最終的に「見送り」となるケースが多いものです。

３つ目の基準は「時間」です。大掛かりなシステム改定は費用だけでなく、実現までの時間も必要になります。また、人事異動や制度改定を前提とした対策も時間の経過を待たないと実現しません。それまでの時間、リスクを抱えたまま走り続けるこ

とは避けるべきことから、これらの対策に全面的に依存することはできません。

したがって、「あまり時間がかからず、安い費用で効果が高いものはどれか？」という観点で優先順位を決めていきます。手順書やチェックリストの整備、実務ポイント研修などは現場の判断と工夫でどんどん進められますので、一般的に優先度の高い対策の例といえます。

(5) STEP5 対策実行のための計画を作成する（スケジュールを決める）

優先順位が決まったら、次は具体的な実行計画に移ります。「だれが」「何を」「いつまでに」を明確に決めます。特にこれまであまりお手本がないような、初めての課題に取り組む場合は、「何を」についてしっかりと確認しあうことが必要です。たとえば、再発防止策としてチェックリストや期日管理表のようなツールを作成する場合は、対象となる仕事の内容、漏れてしまいがちなケースの想定などにフォーカスして取り組まないと効果が期待できません。チームとして取り組むわけですから、ぜひスタート時点でこれらのポイントを明確にし、疑問点をきちんと解決して進めましょう。このような案件を担当することは、その人にとって良い勉強の機会となりますが、もしも一人だけで進めることがむずかしければ、相談相手のサブ担当を任命するのも一案です。そして、完了の期限をはっきり決めて実行に移ります。

(6) STEP6 計画どおりできているか定期的にチェックする

実行開始後は、計画どおり実行できているかの進捗を管理します。対策実施のための仕事は、多忙な日々の業務のなかで工夫しながら時間を確保して進めますが、計画どおりに行かないことも珍しくありません。まず、チームの定例打合せ等を活用して進捗状況を確認します。作業が遅れている場合にはその原因を明らかにして、必要があればサポーターを任命するなどの具体的な補強を行います。

7 原因分析や対策検討の視点に漏れはないか

再発防止を有効に行うためには、原因の見落としを防ぐ必要があります。たとえば、誤入力の例では、「帳票の欄が小さくて数字がみづらい」という原因を見つけることができても、「作業中に電話や窓口の応対で集中できない」という原因が見落とされているとまだリスクが残ることになります。せっかく帳票をみやすく改訂しても、集中力が損なわれる環境のままでは再発防止は期待できません。このような片手落ちを防ぐためには、複数の窓から物事をみる必要があります。そして、この窓は、私たちのワークプレイスを構成している要素で考えるとよいでしょう。具体的には以下の３つの切り口です。

①人間	仕事の担い手である人間
②道具	パソコン、業務システム、キャビネット等、仕事で使っているツール
③環境・運営	オフィスの明るさ、広さなどの物理的環境のほか、そこで行われているミーティング、その職場の雰囲気など

前述の誤入力の例では、手順の理解不足は「人間」、手順書記載不備、帳票、システムモニターのレイアウト不一致は「道具」、作業中断が多い場所は「環境」に該当します。さらにこれらを３つずつに区分すると以下のとおり合計９つの窓ができます。

①人間	1）ヒューマンエラー
	2）人材育成
	3）体制づくり
②道具	4）手順書
	5）システム
	6）帳票、キャビネット
③環境・運営	7）オフィス環境
	8）情報連携に関する運営ルール
	9）組織風土

この９つの視点それぞれについて問題点（原因）がなかったかを確認します。単純に思いつきで原因を言い合うことでは、そのときによって分析にバラつきが出てしまい、原因の洗出しに漏れが出てしまいます。このように一定基準の視点をもって分析を行うことで、漏れのない原因分析を実現することができ、効果的な対策検討へと進むことができます。

また、対策検討においても同様です。たとえば、②−4)の視点から分析をし、原因の１つとして「手順書整備が遅れている」という問題点が発覚した場合、「その必要性について理解していないので、研修等で学ぶ」という①「人間」の切り口や、

「困ったときに話し合える場を設ける」などの「環境」の面からも対策を検討するなど、効果的に継続して取り組める工夫が必要です。

1 人間	1）ヒューマンエラー	ヒューマンエラーは起きるという前提に立ち、それを防ぐための方策を実施する
	2）人材育成	マルチ化（多能工化）を目指した業務スキル習得など、計画的に人材を育成する
	3）体制づくり	業務量の変動等の状況変化に応じた機動的な配員・応援を実施する
2 道具	4）手順書	業務マニュアルや手順書を作成、整備する
	5）システム	業務システム、Excelのマクロなど、使っているシステムの仕様を正しく理解し、変更があった場合の管理を行う。システム仕様の変更・改善が必要な場合はすみやかに依頼する
	6）帳票、キャビネット	帳票、キャビネットなどのツールが使いやすい状態で管理されている
3 環境・運営	7）オフィス環境	集中できる場所など、それぞれの作業にふさわしいオフィス環境にする
	8）情報連携に関する運営ルール	業務に必要な情報を確実に連携できるよう、伝達ルール、ミーティング等を運営する
	9）組織風土	常に前向きで助け合える健全な組織風土をつくる

8 再発防止策定着化の取組み

業務の特質とリスク構造を理解し、ミスやトラブルが発生した場合には適切な手順に従って、３つの切り口、９つの窓を活用しながら原因を徹底的に分析して、多角的な検討に基づく有効な対策を実施することにより、大きな改善が望めます。

しかし、ここで注意すべきことは、「改善に終わりはない」ということです。再発防止策の徹底により、効果の手応えが感じられたとしても、その状態を維持する努力がなければ本当の再発防止は実現しません。せっかく考えられた再発防止策が無意味になってしまうことには、２つの理由が考えられます。

１つ目は、時間の経過とともに「緩み」が出てくる場合があることです。たとえば、再発防止策としてチェックリストを使うことが決まり、実行したとします。しばらくは決められたとおりにそれを使っていても、半年、１年が経過して過去の事故に関する記憶が薄らいでくると、いつの間にかチェックリストの使い方がぞんざいになり、やがて使わない人も出ていくるということが起こりがちです。

２つ目の理由は、その仕事を行う条件が変化する場合があることです。人事異動等で人が入れ代わることや、ルールやシステム仕様の変更に伴って作業の内容が変わることがあります。新しい人が担当するときには、チェックリストを使う理由や正しい使い方を教えてあげなければなりません。また、仕事の内容が変われば、チェックリストの項目をそれにあわせて改訂する必要があります。

このような緩みを防ぎ、また変化にあわせて適切な運営を維持するためには、定期的な点検が必要です。基本は「自分たちの仕事は自分たちで点検する」という自主点検方式です。不正防止のためのチェックは部外者、第三者によるチェックが必要ですが、ここでの点検は「自分たちの仕事は自分たちで守る」、さらに「仕事の品質は自分たちの責任でつくる」という姿勢です。日常業務で忙しいなかで時間を確保するには工夫が必要ですが、この点検で問題（＝緩みや状況の変化）を発見できれば、ミス・トラブルの未然防止が可能となり、不要な後ろ向きな仕事をしないですむ結果につながるのです。月１回程度、日を決めて、仕事が決められた手順やルールどおりに行われているかをお互いにチェックしてみてはいかがでしょうか。

POINT

- 生産性向上の第一歩は、ミス、トラブル、手戻りの防止から
- ミスが起きやすいパターンを理解し、防止に役立てよう
  掛け声だけの「厳重注意」をやめ、仕事の特徴と人間の特性をふまえて対策を講じよう
- ヒューマンエラー防止策は電車の運転士や車掌など、ほかの仕事も参考にしてみよう
- 事務ミスの原因はオフィスワークのリスク構造を理解して分析しよう
- 問題解決は「問題の特定→原因分析→対策検討」の手順で進めよう
- 原因分析や対策検討のポイントを見逃さないために「3 つの切り口」「9 つのマトリックス」を活用しよう

3 仕事の標準化で事故防止と効率化を両立

1 いつ、だれがやっても同じ品質でアウトプットが出せるか

(1) リスクを予想し、仕事量を平準化する

ミス・トラブルが起きる12のパターンのなかで説明したとおり、業務量激増や時間に追われている状況では、いつもとは異なる「手抜き」をする傾向があります。また、新任者等、仕事に不慣れな人はどうしても間違えを起こしがちです。これらは、ミスが起きやすいリスクを伴う状況と考えるべきです。

リスクをゼロにすることは困難ですが、より少なくする（低減する）ことは可能です。たとえば、繁忙状況が引き起こすリスクについては、まず、その状況がいつ訪れるかタイミングを予測することがコントロールの前提条件です。営業方針、市況、ルールなどの変化に伴い業務量が増えることがあります。また、月末や期末など、定期的に業務が膨らむこともあります。これらの動きが読めていれば、備えることができます。

備えの１つは、仕事量を平準化して「山」をいくらかでもなだらかにできないか、というアプローチです。前倒しにできるものは片付けておく、前工程のセクションと調整して早めに仕事を回してもらうなどにより効果をあげることができます。

備えの２つ目は、「山」が来たときの衝撃を緩和する工夫です。たとえば、その仕事をできる人を増やしておけばより円滑に進めることが可能です。そのための具体的な方法が人材の「マルチ化」で、これについては次節で具体的に説明します。

これまでに説明してきたとおりオフィスワークは「情報を加工し、連携するプロセス」であり、仕事の対象である情報は直接目でみることのできない無形物です。これらの特徴から、担当している人の頭のなかで進んでいる仕事の手順が第三者からみえにくく、「仕事が人につく」という傾向があります。ベテランの人に仕事を任せておくと安心で便利ですが、いざその人が休暇をとったり異動で転出したりしたときにミスやトラブルが起きる例も珍しくありません。今後は、育児、介護、通院等による休暇取得が増えていくと予想されますが、「この日はたまたまAさんが休暇だったの

で……」という理由でミスやトラブルが発生することはぜひとも避けたいものです。

⑵ 属人化がもたらす弊害

ミスやトラブルを防ぎ、仕事の品質をあげていくためには、まず「いつ、だれがやっても同じレベル（品質）のアウトプットが出せる」という体制をつくる必要があります。この取組みが標準化です。これと反対の状態が「ベテランのAさんしかわからない」という、属人化（仕事が人についている）です。標準化されていない状態だと作業手順や方法が不明確であるために、以下のような問題が起きることがあります。

1．作業順序の誤り：例＝正しくは「データチェック→入力」であるものを、「入力→データチェック」としたために、入力データの訂正が増加する。
2．操作・処理方法の誤り：例＝入力すべき情報が記載されている帳票の欄を取り違える、または、顧客直筆のオリジナルデータと照合すべきところ、入力作業後の二次データと突合する。
3．作業の欠落：例＝異例処理指示の有無の確認が必要であるにもかかわらず、行わない。
4．作業の重複：例＝前工程ですでに確認がすんでいる確認作業を重複して行う。

最後の「4」はダブっている分がムダになっているため、非効率な状態です。それに対して1～3は、準備不足の状態で応援者が手伝ったり、新任者が理解不足の状態で作業にあたったりした場合などに起きがちで、正しいアウトプットが得られないリスクがあります。

標準化を進めるためには、作業手順と個々の作業内容を明確に定義する必要があります。特に注意を要するのは「○○（帳票）が正しく作成されているかチェックする」というような、精査の作業です。１つの帳票には複数の項目が記載されています。チェックの対象がどの項目であるかを明確に定義しておかないと、人によって日付の確認をしていなかった、忙しいときは顧客属性に基づく税率の確認を省略していた、などの漏れが生じてしまいます。また、「正しい」と判断するためには、どの情報と突合するかなど、具体的な確認方法も明記する必要があります。顧客属性情報としては本人が記載したオリジナルデータのほうが、それを加工した二次データよりも信頼性が高いといえます。また、登録後の諸変更の有無の確認が必要であれば、その作業も明記して漏れを防ぎます。

図表6－4「標準化ができていないがために起きるミス」

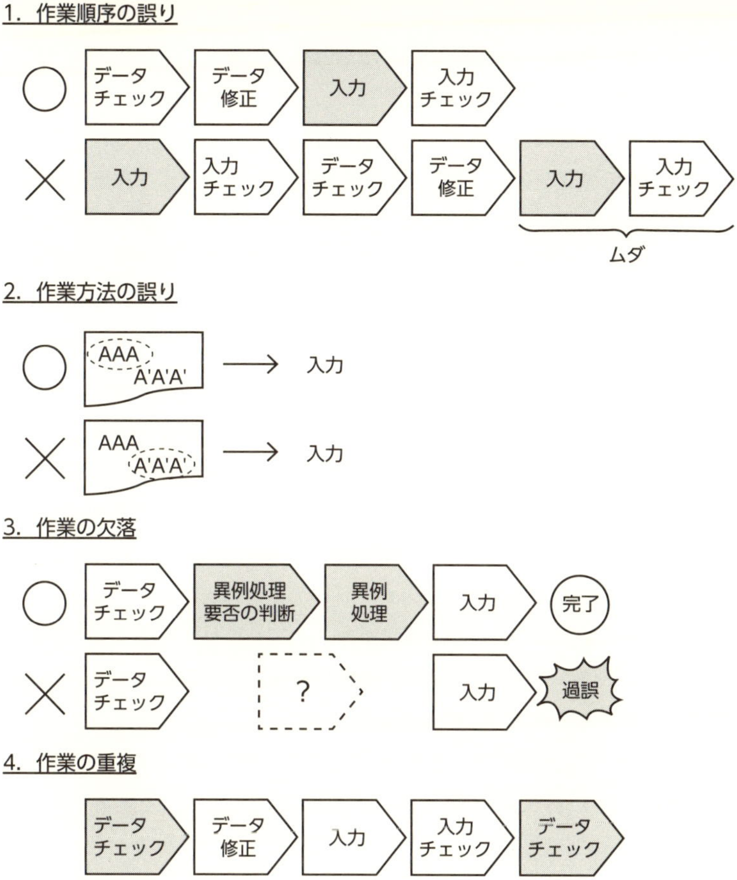

2 マニュアル・手順書のつくり方と管理方法

⑴ 手順書の作成が標準化を実現する～ベテランでも苦心する手順書作成

作業手順と個々の作業内容を文書のかたちでまとめ、チームとして共有することにより標準化が実現します。課やチームでルールとフォーマットを決めたうえで、必要に応じて複数の階層に分けて文書を作成・管理します。一般的に、業務全体のあらましや、その根拠となる法令・ルール等を体系的に解説した、最もベースとなる文書をマニュアルと呼びます。それに基づき、個々の作業手順を詳しく説明したものを手順書と呼びます。そして、その手順書で定めた手順を漏れなく実行するためのツールとしてチェックリストや期日管理表などがあります。

日常業務を進める際に直接頼りになるのは手順書でしょう。したがって、標準化を進めるためには手順書の整備を優先するのが一般的なアプローチです。金融機関の営業店業務などでは、マニュアルや手順書はすべて本部が作成しますが、それ以外のケースでは、しっかりとした手順書を自分たちで作成、整備する必要があります。しかし、いざその作成に入ろうとしても、なかなか思うように進まないことが多いものです。業務経験年数の浅い人はいろいろ調べながらでないと作成がむずかしいでしょう。それればかりか、ベテランの担当者でさえも作成に苦労している姿を見かけます。その理由は、ベテランといわれる達人は、自分の頭と体にその仕事の手順と要領がしみ込んでおり、とりたてて意識したり考えたりしないでも対応できるからです。そして、どの程度基本的なことから書き始めればよいのかの選択に悩むのです。

それではチームで手順書作成に取り組む際のお勧めの方法を紹介しましょう。まず、フローチャート（流れ図）の作成からスタートします。ペンでノートに書いても結構ですが、付箋を使えば、後から順番を変えたり、追加したりが自由にできるので大変便利です（図表６－５）。また、一人でこの作業を進める方法のほか、その作業に携わる複数の人が集まって確認しながら付箋を並べていく方法も考えられます。これにより、順番の入違いや漏れを比較的簡単に見つけることが可能です。いずれにしろ、この作業を通じてまず何をどの順番でやっているのかをしっかりと固めます。

次に、個々のプロセスの詳細な処理方法を具体的に記載していきます。できあがりとしては、全体のフローチャートがあり、個々の処理がA4用紙１～２枚程度にまとめられているイメージでいいでしょう。そして、必要に応じて帳票の記入見本や、端末操作ガイドが添付されていると、よりわかりやすいものになります。

日常業務をこなしながら手順書作成も進めるとなると、作業負担も気になります。つい「時間があるときにやろう」と先延ばししていると、いつの間にか２～３カ月が過ぎてしまう、ということにもなりかねません。着実に進めるためには、たとえば「１日30分、週２回」などというかたちで作業時間を確保することから始めるとよいでしょう。そして、進めるなかで出る疑問点をミーティングなどで出しあい、お互いの問題を積極的に解決しながら進めることをお勧めします。また、様式を決めて作成を開始しても、どうしても記載方法、詳しさなどにバラつきが出るものです。リーダーが全体の進捗を示してメンバーを励ましながら進めるとともに、好ましい事例を積極的に取り上げて全員のお手本、目安にすることも効果的です。何事も「良いほ

図表6－5　フローチャートと手順書

《ホワイトボードに付箋を貼りながらフローチャートをつくる》

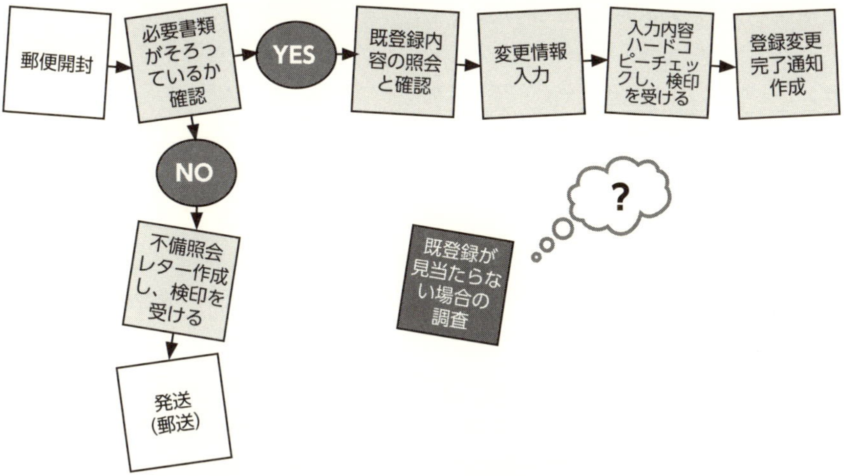

《フローチャートと手順書例》

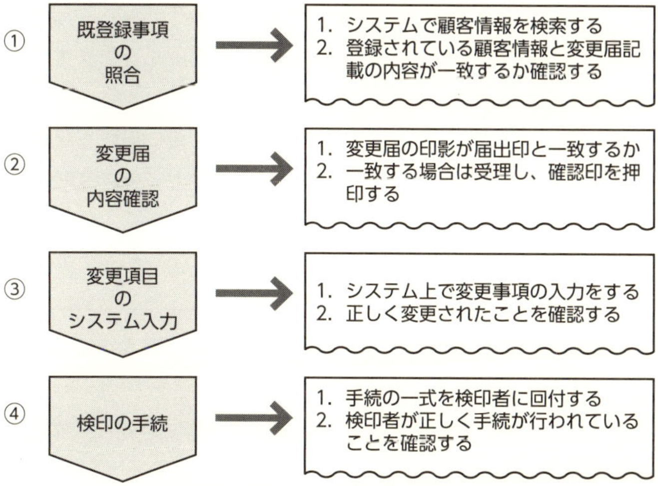

う、好ましいほう」にあわせていくという前向きな取組姿勢で進めたいものです。

(2) 手順書は管理が大切～共有とマメな更新がポイント

このようにして手順書の作成が進んだ後の管理も大切な仕事です。まず、作成した内容に誤りがないか、わかりやすい記載になっているか等のチェックが必要です。リーダーやベテランなど、業務に詳しい人が目を通す、作成した当事者同士で交換して相互チェックするなど、実態にあわせて行うとよいでしょう。

そして、文書管理ルール等に沿った方法で、チームとして管理することが必要です。せっかくつくった手順書が不便な状態でみづらい、または個人の引き出しに入ったままでチームとしての共有ができていない、ということにならないよう注意が必要です。

また、法令改正、商品改訂、システム更改などがあれば、それに関連した箇所の改訂や加筆が必要となります。これが漏れているといつの間にか「役に立たない手順書」と化してキャビネットでほこりをかぶる運命となったり、不完全な内容がミスやトラブルにつながったりすることにもなりかねません。これを防ぐための手順書のメンテナンス体制には工夫を要します。日頃のミーティングなどで報告される伝達事項等に関して、手順書への影響をつど確認する、手順書管理責任者を決めて定期的にチェックするなどの方法が考えられます。さらに、定期的にマニュアルや手順書の読合せ勉強会を行うのも１つの方法です。業務多忙ななかでも、先ほど紹介した手順書作成時間の確保と同様の方法で「毎週１回30分」などと決めて内容確認を兼ねた勉強会を行うと、改訂が必要な箇所のチェックを行うこともできます。これは後述する事故未然防止にも効果があります。

以上の標準化の取組みは、ミスやトラブルを防止して良い品質を保つことに加え、新任者を短期間で確実に育成する、管理者の立場で実務を正確に理解するという課題に対しても効果をあげます。

POINT

- 繁忙期、ベテランの休暇や転出でもビクともしない「仕事の標準化」を実現しよう
- 「何を使って、どのように？」など、仕事を具体的に定義して文書で共有しよう

- 「フローチャート作成→手順書作成」のアプローチを活用して手順書をどんどん作成しよう
- 作成した手順書は上司や先輩がチェックし、共用文書として管理しよう

4 人材のマルチ化で生産性を大幅アップ

1 生産性向上を進めるための人材育成＝マルチ化

(1) 平常時の人数でピークを運営できるようにする

「人手が足りない……」という声をよく現場から聞きます。決算などの季節要因や、月次の処理に伴って業務量が増えたときなどは現場の負担は大きく、苦労は並大抵のものではないでしょう。業務量が最も多いときにあわせた人数がそろっていればうれしい気持ちはわかりますが、これでは平常時には人手がダブついてしまい、資源効率は低下します。企業収益を管理する経営的視点からするとこの選択はNOです。また、現場マネジメントの観点からも、程よい緊張感を保つほうがミスやトラブルを防ぐためには好ましいのではないでしょうか。ここで、もう一度第１節で説明した生産性の式を思い出してください。分母を抑えた状態で同じ分子を支える（産出）することができれば、それだけ生産性がアップします。したがって、業務量が変動する場合には、平常時の人数でピークを運営できれば理想的ということになります。

(2) まれに発生する業務に穴を開けない運営を目指す

人員配置に関してもう１つ注意を要する点は、少量多品種業務に関して「穴」が開かないよう管理するということです。クライアントごとに契約条件が異なる取引の管理などでは、個々の事例の量や頻度は限定されていますが、いざその処理が必要なときに正しく対応できる体制を確保しておかなければなりません。制度改正や市況変化に伴って取引が漸減してもはや主流とはいえない業務でも、なお継続すべきものも

あります。少量だからという理由では決して手は抜けないのです。かつては固定の専任者で行っていた業務を少人数で機動的に継続するためには、複数のメンバーが相互にカバーし合える体制づくりが必要です。

(3) マルチ化（多能工化）で人的資源の運用を最大限に効率化

これらの問題を解決するために有効な取組みが「マルチ化」です。これは一人のプレーヤーが複数の業務に対応できる体制をつくることで、「多能工化」とも呼ばれています。もともとは製造業で採用された方法で、たとえば自動車工場で複数の車種の製造を担当できる工員を育成して、需要変動に柔軟に対応しようとするものです。また、一般的に「マルチプレーヤー」という言葉も使われます。たとえば小説を書きながら楽器も演奏するなど、複数の「技」をもち、多方面で活躍する人がこのように呼ばれています。

オフィスワークでも同じように、一人の人が複数の業務を習得していれば、同じ仕事を複数の人で担当する状態をつくることが可能です。これにより、繁忙時の応援、休暇や異動転出などに伴う代替に柔軟かつ迅速に対応できます。人員総数は平常時のままでも、繁忙時の柔軟かつ機動的な応援シフトにより円滑に対応することが可能に

図表6－6　マルチ化で生産性アップ

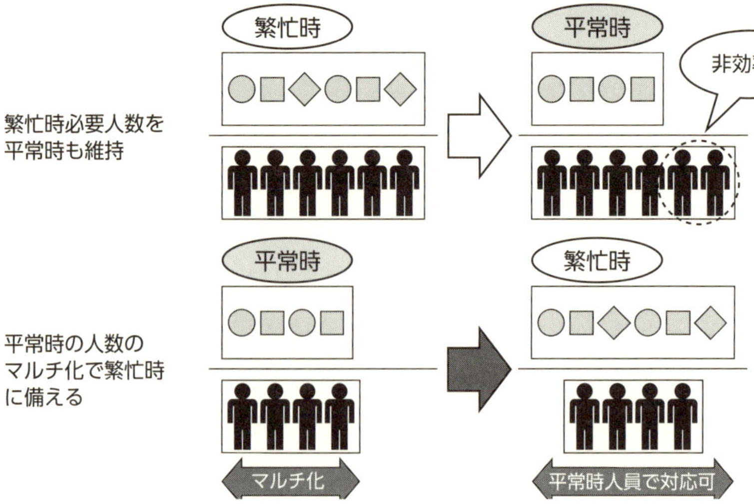

なります。

このようにマルチ化を進めれば、人的資源の効率があがるのみならず、安定した業務運営を通じて、ミス・トラブルが起きにくい状態をつくることができます。この一石二鳥の効果により、まさに生産性向上に大きく貢献することができます（図表6－6）。

2 戦略的なマルチ化計画

(1) スキルマッピングによる現状把握

マルチ化を実現する第一歩は現状を正確に認識し、関係者でしっかり共有することから始まります。各チームが担当する仕事にはどのようなものがあり、現在どのメンバーが担当しているのか、または担当が可能なレベルに達しているかを目にみえるかたちに整理して共有します。そのためのツールがスキルマップです（図表6－7）。

これを作成すれば、「どこが手薄か？」が一目瞭然となります。最近のトラブル発生状況と重ね合わせてみると、関連する業務スキル保有者の不足が背景にあることがみえてくる場合もあります。複数の業務を担うチームや人数が多いチームについては特に作成をお勧めします。

図表6－7 スキルマッピング

区分	業務＼担当	主任		担当		
		AA AA	BB BB	CC CC	DD DD	EE EE
日次	·······	◎	◎	○	○	
	········	◎	◎	○	△	○
	·······	◎	◎	○	○	△
月次	·········	◎	◎	○	○	○
	········	◎	◎	○		
決算	········	◎	◎	○	△	○
	·········	◎	◎	△		△
その他	········	◎	◎		△	○
	········	◎	◎	○		

◎指導可能　○習得済み　△習得中　空欄：未習得

⑵ マルチ化は時間がかかる

作成したスキルマッピングをもとにマルチ化を進めていきます。その際、この取組みにはある程度時間を要することを前提に、優先順位を決めて計画的に進める必要があります。時間を要する理由は大きく２つあります。１つは、ツールの整備が必要となることが多いという理由です。これまで担当したことのない人が新しい業務を習得するためには、手順書整備などの標準化ができていることが前提です。すでに完了していればいいのですが、実際にはマルチ化を契機に標準化に取り組み始めることや、作成ずみ手順書のレベルアップが必要な場合が多いものです。

もう１つの理由は、仕事によっては「半期に一度」など、年間スケジュールのなかで発生タイミングが限定されているものや、発生頻度がまれな特殊業務などがあることです。それらは実際にその業務が発生しないと、新しい担当者が経験できません。

以上の点を十分ふまえたうえで、計画的に順番と新たな担当者を決めて取りかかります。優先順位を決めるポイントは、まずミスやトラブルが起きた実績のあるもの、またはその危険性が高いと考えられる仕事から着手することです。第２節で述べたとおり、ミスやトラブルはお客さまに迷惑をかけ、サービスを低下させるのみならず、これに伴う「後ろ向きな仕事」が生産性を著しく低下させる原因となるからです。

⑶ マルチ化項目の優先順位づけと人材育成としての視点

次に「残業が多い」「お客さまをお待たせすることが多い」「今後、量が増えそう」「退職予定者あり」などの条件でマルチ化すべき業務の優先順位を決めていきます。マルチ化の計画は業務項目単位で作成しますが、これをもとにメンバーごとの育成計画としてまとめておくことも必要です。各メンバーの視点で、「次は何にチャレンジするのか？」「何をいつまでに習得するのか？」という目標がみえることによって、仕事への意欲向上が期待できます。そして、この習得のためにはその仕事を伝授する「先生」の任命も必要となります。「先生」は担当者として仕事を進めるだけでなく、別のメンバーにそれを教えてあげることを通じて、その仕事の意味やポイントをあらためて考えて認識することにより、さらに成長できるという効果が得られます。このような取組みを通じ、チーム、組織として「人材」を「人財」に育てるという育成課題と関連づけて取り組むとさらに効果的です。

3 マルチ化プロジェクトの立上げと進め方

マルチ化は生産性向上に大きな威力を発揮するとともに、人材育成の重要テーマであることを述べました。このように好いことずくめなのですが、多くのエネルギーと時間を要する取組みであることから、息切れをして途中で挫折をしないよう、以下のような工夫が必要となります。

① 目的と期待する効果を明示する

何事も「何のためにするのか？」「どのような効果があがるのか？」ということがはっきりしていないと長続きしないものです。

「繁忙時でも定時退社可能」「業務量が増えてもミスゼロ」「安心して休暇取得できる」など、みんなが納得できる目的や効果を明示して、取組みのスタート時点や振返りのミーティングなどで確認しましょう。

② 推進リーダーを決め、進捗を管理し、問題点を共有する

推進リーダーを決めて、計画がどれだけ進んでいるか、取組みのなかでどのような問題が生じているかを管理してメンバーと共有しながら進めます。グラフや表のかたちで進捗がみえると、チャレンジ精神が刺激されるものです。また、計画どおりに進まない場合にはその状況や原因を見落とさずに取り上げ、メンバーで相談しながら解決していきます。たとえば、いざマルチ化に着手したら手順書の整備がまだ不十分であることが判明したということであれば、いったん立ち戻って整備作業を優先する必要があります。また、「仕事を教えあう時間が確保できない」ということであれば、

図表６－８　業務別マルチ化計画

業務	マルチ化タスク	担当	4月	5月	6月	7月	8月	9月
…業務	手順書整備	AA AA	⇔					
	担当EE EEのOJT	AA AA		⇔				
	担当DD DDのOJT	BB BB					⇔	
…業務	手順書整備	BB BB	⇔					
	担当DD DDのOJT	BB BB		⇔				
	担当DD DDのOJT	AA AA			⇔	⇔		
	担当EE EEのOJT	AA AA					⇔	

図表6－9　OJT計画

区分	氏名	今期の目標	4月	5月	6月	7月	8月	9月
主任	AA AA	…業務手順書整備	⇔					
		…業務育成（DD、EE）		⇔ DD			⇔ EE	
	BB BB	…業務手順書整備	⇔					
		…業務育成（DD、EE）			⇔ DD	⇔ EE		
担当	DD DD	…業務習得		⇔				
		…業務習得			⇔			
	EE EE	…業務習得				⇔		
		…業務習得					⇔	

「毎週水曜日の４時から１時間」などとルールを決めて協力しあうなどの運営上の工夫も必要でしょう。

そして、進捗管理を確実に行うためには週１回など、タイミングを決めて定期的なミーティングで相互に確認するとよいでしょう。

③ マルチ化計画＝「手順書整備+OJT」としてまとめる

手順書の整備状況に不安がある場合には、手順書に関する作業とマルチ化をセットとして、あらかじめ計画する方法も考えられます。そして、「いつ、だれが、だれに、何を」というかたちでの育成（OJT）計画と組み合わせれば取組方法がより明確になります（図表６－９）。

4 標準化とマルチ化の相乗効果

標準化あってのマルチ化であり、両者は密接な関係にあります。そして、マルチ化を進める過程で標準化をさらにレベルアップできるというメリットもあります。マルチ化に伴い、新しい担当者が手順書のユーザーとなります。新鮮な目でみると、手順書の内容に疑問点が出ることもあります。さらに、その疑問がきっかけで手順書の表記を改めるなど、より詳しく補うなどのメンテナンスが進みます。ベテランの人が「このことは当然みんな知っているはず」との認識で手順書に書かなかった知識や処理も、新しい担当者からみると記載が必要な重要ポイントであった、という例も珍しくありません。また、新担当者のフレッシュな目や素朴な疑問から、手順や処理方法の改善提案が出されることもあります。このように、「手順書整備→マルチ化で活用

→手順書のレベルアップ」という好循環がつくられればさらにミス、トラブルの未然防止や効率化につながり、生産性向上への効果が増大することも期待できます。ぜひ、このような良い循環をつくりながら進めたいものです。

このような方法で標準化とマルチ化を一体的に進めることにより、残業削減、休暇取得に伴う代替確保など、具体的な効果が出てくるはずです。ぜひ、それを実感し、ミーティングなどの場を活用してチームで共有しましょう。それがまた次へ進む活力となります。

そして、マルチ化の目標を「1種目を三人が担当可能」とか「一人3種目マスター」など、次のチャレンジ目標を決めて取り組んでいくことにより、生産性向上の土台づくりがさらに大きく進むこととなります。

POINT

- マルチ化（多能工化）で、繁忙時でも平常時の人数で仕事が進められる体制をつくろう
- マルチ化で、「できる人」の休暇や人事異動に備えよう
- マルチ化は「現状把握→計画→目標の明示→進捗管理→効果確認」の手順で進めよう
- 標準化とマルチ化の相乗効果で残業削減と休暇がとりやすい職場づくりを実現しよう

5 ムリ、ムラ、ムダをなくして、業務全体を改善

1 ムリ：ボトルネックの解消

健康診断の際、手際よく進んできた流れがエコー検査や内科検診などの場面で滞り、長時間待たされたという経験はないでしょうか。体重や身長の測定で待たされることはまれですが、高価な検査装置や資格を要する検査担当者等、数の制約から待ち

時間が発生することがあります。オフィスワークについても同じことが起きます。簡単なチェック作業の量が増えた場合には比較的簡単に応援者を投入できますが、高度な知識を要する審査などのハイスキル業務は急に担当者を増やすことは困難であることから、その工程で仕事が滞るのです。このような状態ではお客さまをお待たせしてサービスが低下するばかりか、特定の担当者の繁忙状態によりミスやトラブルが起きるリスクが高まります。これは、ちょうどビンの口がすぼまっているところで流れが滞ることから、ボトルネックと呼ばれる現象です（図表６－10）。

これを防止するためには、前述したマルチ化により担当できる人を増やしておくことが効果的です。そして、特にハイスキル業務を新たに習得するには時間を要するため、計画的に取り組む必要があります。

仕事が滞る状態を解消するもう１つのアプローチが、入り口と出口の調整です。言い換えると前工程と後工程との調整です。たとえば１つ前の工程から回ってくる仕事が一度にまとまって入り、かつ、次の工程へ回すタイミングに時間制限があると、自工程では短時間で大量の処理を迫られ、ミスやトラブル発生リスクが高まります。もしも前工程との調整で可能な限り前倒しで平準化して仕事を回してもらえれば、自工程の作業時間確保とお客さまの待ち時間短縮が可能です。そして、後工程との調整で時間制約を緩和する（締切りを遅くしてもらう）ことが可能であれば、さらに持ち時間が延長され、繁忙状態の緩和・解消が実現します。

これらの工夫により、残業削減、サービス向上、ミス・トラブル防止の効果をあげることができます。たとえば、前工程のセクションで前日の取引情報を集約し、その

図表６－10　仕事のボトルネック

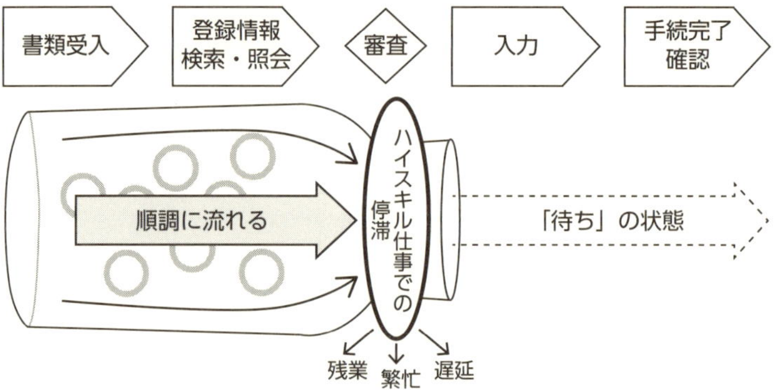

図表６－11　繁忙状況の改善

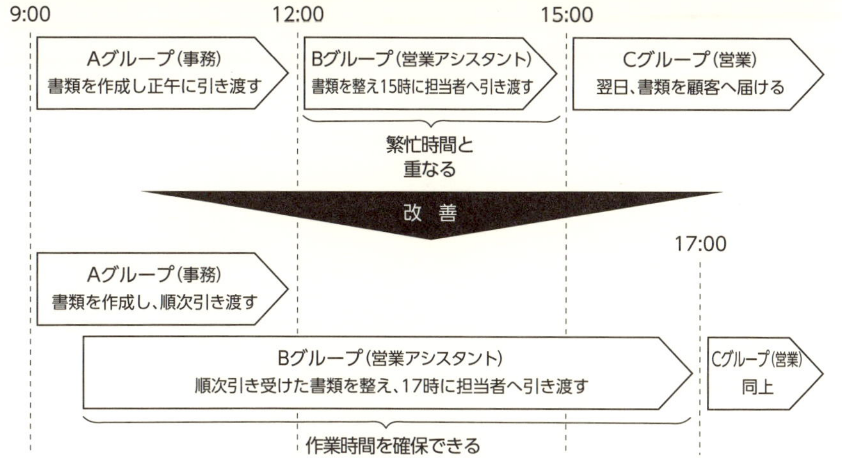

結果をふまえて自課で顧客宛ての書類を作成して当日の午後３時までに営業セクションに引き渡すルールで行われている仕事を想定してみましょう。前工程のセクションでは「当日午前中に作業し、正午に引き渡す」と決めており、また営業セクションでは「翌日の営業活動に使うことを想定して午後３時に受け取る」と決めていたとします。いずれも自然な発想ではありますが、この間に挟まれている自課の立場では、仕事量が急増した場合には持ち時間の制約で正午から午後３時までの時間帯が繁忙状態となり、仕事があふれてミスやトラブルが起きるリスクが高まります。これを改善する方法として、前工程セクションが前日中に作業を終えた分を当日の朝一番で引き渡してくれれば自課の作業は前倒しで始めることが可能です。また、営業も繁忙時には引渡し時刻を後ろ倒しに調整してくれればそれだけ自課の持ち時間を増やすことが可能です。

これらの調性は、全体に及ぼす影響も含めて最終判断する必要がありますが、「ルール」と呼ばれている決め事も、場合によっては調整が可能ですから柔軟に検討してみましょう。（図表６－11）

2 ムラ：バラつき

「忙しい」と感じるとき、本当にすべてのメンバーが同じように忙しいのかをよく観察する必要があります。もしもベテラン社員が走り回る傍ら、アルバイトや若手がおしゃべりをする余裕があれば、改善の余地あり！です。それは、おしゃべりしている人が悪いのではなく、業務のコントロール、仕事の割振りがうまくできていないと考えるべきです。

まずはそのベテランの仕事を応援できる人を増やす必要があります。そのために、前述した標準化とマルチ化に取り組みます。そして、全体の繁忙状態にバラつきがあるようであれば、繁閑状況をみながら、機動的に人員のシフトを実行します。仕事量の変化のスピードに応じて、月、週、日単位で見直しを行います。残業ゼロを実現するためには、半日単位で見通しを立てて機動的に運営することも効果的です。その場合は、朝と午後にリーダーがサッと集まり、スタンディングミーティングで状況を報告しあってお互いが助け合うというスタイルがお勧めです。

3 ムダ：自工程完結で無駄なチェックをなくす

⑴ 基本は自己完結、必要な箇所にダブルチェック

製造業では、「各工程で品質に責任をもてば、正常な完成品がつくれる」という考え方があります。「自工程完結」と呼ばれ、個々の工程で品質を保証できれば完成品の検品は不要ですらある、というものです。オフィスワークの場合も大いにこれに学びたいものです。「後で上司がチェックしてくれる」との意識で行う仕事ほど危険なものはありません。また、チェックが不完全な状態のものが混在している状態では、品質は保証されていません。常に正しい手順で仕事を進め、つどダブルチェックをかけてその証跡を残していれば、その作業域での品質は十分なレベルといえます。

「ヒューマンエラーは起きる」ことを前提に有効な対策を実施することが必要です。「品質を保証するためのチェック」も同じ考え方に基づいています。どんなに責任感が強くても、人間である以上、見逃し、思い込み、押し間違えなどをゼロにすることは不可能と考えるべきです。したがって、一人では防ぎきれないミスを、別の人の目で発見するダブルチェックが必要となるのです。もちろん、これも理論上はリスクゼロとはいえません。実務の場面では「Aの誤記を検印者Bも見逃し……」という事故報告は珍しくありません。しかし、その当事者たちも、それ以外の膨大な処理に関しては、検印者のチェックによってミスを発見した事例がたくさんあり、効果は発

揮されているものと考えられます。一方、ミスが起きやすい事例で紹介したとおり、チェック者を二人以上に増やしていくと「みんながみていてくれるから安心」という安易な姿勢を招くリスクが発生します。これらのことから、ダブルチェック（一人が行った作業を別のもう一人が検証する）は人間の習性をふまえた効果的な方法と考えられます。

チェック漏れを防いで品質をあげると同時に、「何となく心配だから」という理由で、必要以上に重複してチェックをかけることは、生産性向上の観点から避けるべきことです。要は、仕事の流れ全体のなかで、どこでどのようなチェックをかけるのかをきちんと決め、そのとおり実行されているかを確認できる体制をつくることがポイントです。

⑵ 業務全体のフローチャートを活用する

サービスを提供するための仕事の流れ全体をフローチャートで書き表して管理することは業務改善に欠かせない取組みです。これがあれば先ほど例を出した「チェック漏れ」や「屋上屋を架する」を防ぐことができます。また、ミスやトラブルが起きたとき、根本的な原因がどこにあるかを見逃さないためにも効果を発揮します。たとえば、取引結果をお客さまに報告した際に「私が依頼した内容と違っている」とクレームが発生した場合、そもそもお客さまに書いていただいた申込書の記載内容が誤っており、それは申込書の説明内容が不親切であったことが原因であることもあります。全体の流れをみないで問題を解決しようとすると「事務担当者の確認不足」というピント外れの結論にもなりかねません。

標準化の集大成として、業務全体のサービス提供フローを作成し、問題発生時や新しいことに取り組む際の検討に活用することをお勧めします。

POINT

- ハイスキル業務担当者育成、前後の工程との締切時間調整で「ムリ」をなくそう
- ベテランの仕事の標準化＋マルチ化、機動的な応援で「ムラ」をなくそう
- 「チェック」をしっかり行う工程を特定し、「ムダ」をなくそう

6 失敗から学び、改善を進め、人を育てる前向きな組織づくり

1 再発防止から未然防止へ

(1)「失敗した人を責める」ことは無意味な行為

皆さんは、毎日「良いサービスを提供しよう」という意欲に燃えて仕事に取り組んでいることでしょう。しかし残念なことに、実務場面でのミス、トラブルをゼロにすることは容易ではありません。予期せぬことが起き、後から振り返ると幾つかの「失敗」があったことに気づくこともあります。「あのとき、もう少し注意深くみておけばよかった」「どうしてあのとき気づかなかったのだろう？」といった悔しい思いをしたことがあるかもしれません。人間の習性として、失敗は「避けたいもの」「触れたくない話」なので、できれば隠したくなるものです。ここで注意したいのは、「失敗した人を責める」という行動とそれを促す集団の姿勢です。

失敗を起こしているのは間違いなく特定の個人ですから、どうしても関心がその人に集中しがちです。しかし、その当事者としては、真剣に取り組んだにもかかわらず失敗したということが多いのではないでしょうか。したがって、その場合は人を責めるのではなく、その失敗がなぜ起きたかを事実に基づいて、みんなで力をあわせて真剣に考えることこそが必要なのです。チームの知恵と努力で失敗を減らすことができれば、その経験が大いに役立つことになります。失敗をおそれてビクビクしながら仕事をしたのでは、改善の意欲は期待できません。それどころか、発覚をおそれて失敗を隠すという危険な行為を招く結果にもなりかねません。みんなが「失敗から学ぶ」という、謙虚でかつ前向きな姿勢をもっているチームを目指しましょう。

(2) 危険予知を常に意識する～「ミスのモグラたたき状態」からの脱却

ミスやトラブルが起きると、「もう二度と起こすまい」という固い決意で再発防止に取り組みます。この姿勢はとても大切です。しかし、入力作業や照合作業において「紛らわしい顧客名に注意」という教訓を得たからといって、そのことだけに神経を集中していたのでは、また別の項目においてミスが発生するリスクが残されていま

す。発生のつど「注意喚起」を繰り返していると、オフィスが注意事項だらけになり、まさにモグラたたき状態になってしまします。これを防ぐためには、「起きる前に防ぐ」という未然防止の取組みが必要となります。

「起きる前に予測することはむずかしい」のは事実です。これを少しでも容易にするための取組みとして、「何が起きそうか？」とか「ここを間違えるとどのような影響が出るか？」を考える訓練や習慣が効果的です。工事現場や工場などで「KY」という標語を見かけたことはないでしょうか。これは「空気を読む」ではなく「危険予知」を意味します。たとえば、自分が作業をしているすぐ真上でクレーンの作業が行われていれば、「落下」という危険を想定する必要があります。このように、その仕事の特質や置かれている環境のなかでどのようなことが起きそうかをあらかじめ想定できるかどうかで、事故を防げる可能性が違ってきます。これは想像力がある人にしかできないようにもみえますが、まずは第２節で紹介した「ミスが起きやすい12のパターン」を参考に、これに当てはまらないか考える習慣を身に付けることから始めてみましょう。

⑶「ヒヤリ・ハット」を活かす

未然防止に役立つもう１つのアプローチが、日頃の「ヒヤリ」としたり「ハッ」としたりするような体験を見逃さずに活用する、ということです。これらをまとめて「ヒヤリ・ハット」などと呼びます。これらの事象は事故やトラブルではないため、個々人の体験のなかで終わってしまいがちです。しかし、それらを積極的に報告しあい、みんなで考えることにより、自分たちの仕事のなかにある危険をあらかじめ知り、ミスやトラブルの未然防止に役立てることが可能です。第２節で説明したように、１件のミスやトラブルの背景には必ず複数の要因があり、それらが絡み合って結果を生んでいることが多いものです。ヒヤリ・ハットの体験はそれらの要因をあらかじめ察知できる貴重なチャンスです。

労働災害に関する統計分析に「ハインリッヒの法則」があります。これは１つの重大事故の背後には軽微な事故が29件あり、さらにその背後にはヒヤリ・ハットの体験が300件ある、というものです。私もこれまでの経験から、オフィスワークでもこれが当てはまると実感しています。この情報を積極的に取り上げることはとても有益です。

2 「失敗情報」の積極的活用

(1) 過去の失敗を復習する

「失敗から学ぶ」という姿勢を日頃の仕事のなかで実践するためには、具体的にどのようにすればよいでしょうか。まず、平常時は「過去事例を復習する」ことをお勧めします。ミスやトラブルの防止に取り組み、改善の手応えが出てくるとうれしいものです。しかし、「最近はミスも減り、落ち着いてきたね」とみんなで笑顔が交わせるような成果が出ても、残念ながらその状態がそのまま続くことは保証されません。その後、いつの間にかミスやトラブルが増えている、または同じような単純ミスがなかなかなくならないということも珍しくありません。なぜこのようなことが起きるのでしょうか。安心感からの「気の緩み」が災いしている場合もあるかもしれませんが、もっと根本的な問題があります。

過去に策定した再発防止策が必ずしも十分ではなかった、という場合もあるでしょう。また、組織には異動・退職に伴うメンバーの入替えが必ずあり、現在のメンバー全員が過去のトラブル体験を共有できているわけではない点も要注意です。マーケットの推移、法令改正などの業務環境の変化が新たなリスクを生んでいることもあります。これらに無防備でいるとリスクが高まると考えるべきです。

したがって、業務が比較的安定して落ち着いてきたと感じたら、メンバーで集まって過去の事例の復習を行いましょう。たとえば、昨年、２年前、３年前とさかのぼり、同じ月に起きている過去のミス・トラブルとその原因、対策などをレビューします。これによる最大の効果は、その後新たに加わった新しいメンバーとその事例を共有できることです。新任者はチェックリストをつど使うことをめんどうと感じるかもしれません。その必要性を理解していないといつの間にかその活用が疎《おろそ》かになることも考えられます。２年前の繁忙時にチェック漏れの事故が発生し、その再発を徹底するためにチェックリストがつくられたと知れば、その必要性を理解し、めんどうだという気持ちもなくなるでしょう。

また、３年前の事故とその再発防止策を点検したところ、その後のシステム仕様の改訂により、その再発防止策は改良が必要であることに気づくという例もあります。まさにこれはミス・トラブルの未然防止につながる自主点検として推奨すべき例です。

いま説明したような取組みを地道に続け、未然防止に努めます。それでもミス・トラブルはなかなかゼロにならないかもしれません。しかし、諦めずに前向きな努力を続ければ、必ず何らかの「手応え」を実感できるはずです。

⑵ ほかの事故発生情報を自分事として活用する

いったん事故が発生した場合の動き方においても、その情報の取扱方が今後の組織づくりを左右します。一言でいえば、「タイムリーな横展開」がポイントになります。該当のセクションが最優先すべきことは、迅速な事後対応（修復、連係、報告・謝罪）により、お客さまや関連部署への影響を最小限に食い止め、一刻を争うリカバリーに努めることです。その次に、社内の積極的な横展開を行い、「こういうことが起きたので皆さんも注意しましょう」という、注意喚起と情報共有を行います。この情報を受け取った各セクションは、まず同じようなトラブルが起きる危険がないか点検します。多くの場合、「うちは関係ないや」と感じるでしょう。当然、セクションによって仕事の内容や扱う帳票等も異なりますので、やむをえないことかもしれません。しかし、そこを貪欲《どんよく》に、「同じことは起きないが、何か似たようなことは起きないだろうか？」という発想で、さらに積極的にその情報を活用できないかを考えるのです。たとえば、具体的な帳票としては異なるケースでも、「印字が小さくみづらい」などの問題が共通している可能性もあります。要は、イマジネーション、発想の転換でどこまで活用できるかという知恵比べです。

このように他の失敗事例から学ぶ姿勢を拡大できると、さらに視野を広げて、他業種の事例も参考にすることが可能になります。毎日のニュースで報道される、鉄道や航空機に関する事故、トラブルの事例も「他人事」ととらえるのではなく、教訓になるかもしれないと考えてみましょう。たとえば「集中作業の後の単純作業はミスが起きやすい」などの事例は、鉄道における点検作業で起きた事故からのイマジネーションを通じて学ぶことが可能です。このような「頭の体操」で自分の仕事の品質をアップし、仕事のおもしろさが実感できたら素晴らしいことです。

3 減点方式から加点方式へ

(1) 減点方式が生むオフィスワークの悪循環

オフィスワークの目標や標語として「ミスゼロ」「クレームゼロ」を掲げる例を見かけます。これはチーム全員で目指すゴール、スローガンとして意味があります。高い目標、理想的な状態をイメージして共有するのはよいことです。ただし、この「ゼロ」が絶対的なゴールとなると、みんなで努力している最中に不幸にも「1件」が発生した場合には、もうそこで目標はすっ飛んでしまいます。さらに、「ゼロ」の重圧により「1件」がペナルティの対象となると、「都合の悪いことは隠す」という誤った習慣を招きかねません。

(2) オフィスワークを前向きに取り組むための評価方法

このような弊害を防ぎ、前向きにミス、トラブルを減らしていくためには、「品質目標は自分たちでつくる」という積極的な姿勢が必要です。たとえば、お客さまや他セクションからの問合せ件数や一次作業ミスの件数、さらに作業に要する時間などは、仕事の品質を測る指標として活用できます。問合せが多いということは、説明不足などが原因と考えられるため、改善することによってサービス向上と効率化の両方が実現します。また、検印者などのダブルチェックをする者がミスを発見して是正できれば事故は防げていることになりますが、一次作業者のミスそのものを減らせば、それだけ事故発生リスクは低減され、やり直し等のロスも減ります。このように、「ミスゼロ」は最終的な結果と考え、それと関連が深い中間的な評価項目を通じて品質を測り、コントロールすることにより、前向きで継続的な取組みが可能となります。

(3) 加点方式の評価項目をつくる

「マイナスを減らす」から「プラスを増やす」への発想の転換も必要です。具体的には「仕事がどれだけ良くなったか？」を何らかの方法で測るということです。たとえば、これまで紹介してきた「手順書整備」「マルチ化」「過去事例勉強会」などはいずれも事故防止や生産性向上に役立つ取組みであることから、これらを実行した実績を記録、共有し、ミス・トラブル削減にどれだけ貢献しているかを確認するのも大変効果的です。そして、これらの取組みでは好事例を推奨し、横展開していくことをお勧めします。

一般的に、組織は上下の情報伝達（指示と報告）が正確に行えるよう設計・運営されていますが、横の情報連携には弱い宿命をもっています。

何かが起きたとき、自分の上司には報告することが義務づけられていますが、他のセクションへの伝達については明確に定められていないことが多いものです。さらに、「念のために報告しておこう」というレベルの情報は、なおさら横には伝わりにくいといえます。一方で、事故が起きたときは横の連携の有無がその後リスクコントロールに影響します。また、改善がうまくいった事例に関する情報は積極的に共有して活用したいものです。これらの目的を達成するためには管理部門や経営層の動きが土台となりますが、実務の場面では管理職やリーダークラスが積極的に動かない限り実現は困難です。ぜひ、これらの情報連携の必要性を理解して、自分から手を伸ばし、足を運んでみてください。

4 オフィスワークにおける人材育成のポイント

(1) 全体プロセスにおける現在地を示して業務の意義を感じさせる

失敗から学び、前向きに改善を進めていくことに関連して、オフィスワークにおける仕事の「評価」のむずかしさについても考える必要があります。この分野の仕事は営業成績などと異なり、結果が見えにくいという宿命があります。「企業業績にどれだけ貢献できているか」という尺度での客観的な評価がむずかしいといえます。したがって、先ほど説明した品質目標との関連づけなど、積極的に評価する工夫と努力が必要となります。

さらに、人材育成の観点からは、サービス提供の全体プロセスにおける担当業務の位置づけを示すことも必要です。特に事務センターのような職場ではお客さまと接する機会が少なく、毎日の仕事がどのように役立っているかみえにくいという限界をどのように補うかの工夫が求められます。具体的には、「情報を加工し、連携しながらサービスを提供している仕事」との観点で、全体の業務の流れがみえるように図示して共有するとよいでしょう。

⑵「どうしてその処理が必要なのか」を自分で考えさせる

人間は自分の努力を人から認められることによりモチベーションがあがるものです。もちろん自分自身で達成感が味わえればそれでもいいのですが、特にこのオフィスワークでは努力の結果を自分だけで確認することはむずかしいため、お互いに成果を認めあう姿勢が必要です。

リーダーや先輩としては、指導対象者の目標をできるだけ具体化し、小さい成果でも大きく褒めてあげると効果的です。また、大きな目標を達成するまでには時間を要するので、その過程で日々の努力を実感できる工夫をしましょう。たとえば、業務スキルマルチ化のための計画的な取組みでは、習得対象業務の内容をさらに細分化する、「手順書をみながらできる」から「手順書をみないでもできる」へのステップを設ける、作業時間の短縮を確認するなどにより、達成度を細かく確認することができます。フローチャート、手順書、チェックリスト等の整備に関しても、作業項目を分けて管理し、週単位での進捗を表やグラフで確認すると達成度が一目瞭然となります。

そして、人材育成でのもう１つのポイントは、わからないこと、失敗したことに対しては、可能な限り自分自身で考えて気づかせるということも忘れてはなりません。学校の勉強の延長のような気分で「教えてもらったことをそのとおりやればいい」と考える人が増えているようですが、「丸暗記」では本当の仕事は身に付かないものです。たとえば手順書を理解する場合も、「どうしてその処理が必要なのか？」など、仕事の背景や考え方についても頭をめぐらせながら取り組めば、より理解が深まり、応用力が養われます。そして、もしも何か失敗したときには、注意して正しいやり方を教えるだけでなく、「なぜ間違えたか」「どうすれば間違わないか」をまず本人に考えてもらうことが成長につながる体験となります。

POINT

- 失敗した当事者を責めるのではなく、事実から学ぶ前向きな姿勢で再発・未然防止を実現しよう
- 過去に起きたミス・トラブル事例、「ヒヤリ」としたり「ハッ」としたりした体験をムダにせず、事故未然防止に役立てよう
- 他で起きたミス・トラブルを他人事とせず、その情報を自分たちの未然防止に

役立てよう
- 「効果があることをどれだけやったか」と加点主義で実績を管理しよう
- 後輩に仕事を教えるときは、「どうしてそうやるのか？」「そうやらないとなぜ困るか？」などの理由を考えながら学んでもらおう

7 ロボット、AIの導入を迎えて

働き方改革を効果的に進めるためには生産性向上が必要で、そのためには後ろ向きな仕事を減らし、標準化に基づく業務改善と人材のマルチ化を進めるというお話をしてきました。まさに、皆さんの職場で今日からできる具体的な取組みです。一方、本来、生産性向上に最も威力を発揮するのは機械化です。これまでの産業の歴史を振り返ると、蒸気機関やコンピュータの発明によって世の中が飛躍的に進歩してきました。また、製造業では、工場のラインのなかにロボットを導入し、さらには工場の完全自動化により、海外の低廉なコストに依存することなく競争力を確保している事例も増えています。

オフィスワークでも、コンピュータシステムの導入やパソコンの普及により、昔の「ソロバン、電卓」の仕事が桁違いに進歩してきました。それでもなお、私たちの身の回りには、入力後のデータ照合、システム間のつなぎ入力など、人間の作業に頼る仕事がたくさんあります。「全部機械がやってくれたらもっと楽になるのに……」とか「どうしてシステムはもっときめ細かく処理してくれないのだろう？」など、現状に不満や疑問をもった経験も多いと思います。多くの場合、システム化が可能だけれど、多額の開発費用との見合いから見送られてきたと考えられます。その結果、「後は人間がやるしかない……」となっていたのです。

しかし、近年このオフィスワークにもRPA（Robotic Process Automation）と呼ばれるソフトウエアロボットの導入が急速に進んでいます。「20XX年には事務ロボットと人工知能で残業ゼロ？」などという新聞記事の見出しもみかけます。RPAは、決められたことを自動的に処理するので、大量な処理を短時間でミスなくこなせます。そして、さらに人工知能を活用することにより、複雑な判断業務も可能になり

つつあるといわれています。本書を執筆している時点でもすでに大規模事務センター、住宅ローンの審査、コールセンター等での問合せ支援などで活用が進んでいます。また、これまでは人間の声や手書き文字は人手でデジタルデータに変換する必要がありましたが、現在ではこの作業をAIで代替できるようになっています。今後、AIの活用がさらに進むとともに、RPAとの組合せによりオフィスワークの世界が大きく様変わりするでしょう。

それでは、いま紹介したような機械化が進んでいくなかで、私たちはどのようなテーマに取り組んでいくべきでしょうか。

RPAに関しては、これまでのシステムと同じように、まず導入の目的や効果を明確にして進める必要があります。そのためには、本章で紹介した、業務全体のフローチャートを作成し、それに基づいて候補を洗い出し、期待される効果とコストとの比較で判断することが経営上の課題となります。RPAが最も得意とするのは、システムへのデータ入力などの単純作業です。そして量が多いほど導入効果が大きく発揮され、ヒューマンエラーのようなミスもなく、また疲れを知らず徹夜も可能です。

システム化するにはちょっと割があわないが、人間がつどやるのはめんどう、というような「つなぎ」の仕事もRPAを活用する価値がありそうです。作業コストのみを考えると決断がむずかしいが、作業からの解放に伴う付加価値の創造効果に期待するという選択の可能性もあるでしょう。

導入方針が決まったら、次はその仕事をRPAに移植するためのフェイズに入ります。RPAの開発は従来のシステムに比較してかなり簡便にできるようですが、その前提となるのが本章でお話しした業務の標準化です。「いつ、だれがやっても同じアウトプットが出せる手順」をつくることが標準化で、まさにRPAに代替するにはこれができていることが必須条件です。したがって、フローチャートや手順書の整備をしておけば、いつRPA導入方針が決まっても大丈夫、といえます。

RPAの導入が進むと、次にはその管理の問題、さらにはRPAと人間の共同作業のあり方が課題となります。RPAはソフトウエアですが、「デジタルレイバー」という言葉があるように、あたかも人間と同じように仕事のなかに位置づけて考えていく必要があります。具体的には「何ができる？」とともに「何をさせていいか？」の管理が必要です。特に個人情報等を扱うRPAに関しては厳密な管理が求められます。

現状、サーバーによって複数のRPAを管理する方法（サーバー型）と、パソコンごとに個別に稼働させる方法（クライアント型）が導入されています。いずれにしても現場には複数のRPAが配置され、さらにその台数が増えていく可能性があります。これに伴い、「どこにどのRPAが配置されているか？」という管理が必要となります。「デジタルレイバー」として社員番号を付与するという事例も紹介されています。RPAという資源を無駄なく安全に管理するためにこのような管理も必要となるでしょう。そして、この管理がしっかりできれば、同じような処理をするRPAを社内で共用し、より効率的な運用も可能になります。人間はマルチ化が可能であり、それを積極的に進めるメリットを本章で紹介してきましたが、RPAにマルチ化を求めることはムリです。RPAは決められた一種目をひたすら間違いなく延々とこなせるところに魅力あるわけですから、「使い分け」と「使いまわし」がポイントと考えるべきでしょう。

RPA導入は組織として生産性を高めるだけでなく、従業員を単純作業から解放することにより、「より創造的な仕事」へと向かう可能性を与えてくれます。しかし、それはあくまで「可能性」にすぎません。これまで「めんどう」と感じていた仕事から解放された後、何を考えることができるか、そして考えたことをどのような「かたち」にできるか？　という課題が待っています。目指すべき究極の目標は、生産性向上の式の「分子」の価値増大、すなわち付加価値のより大きい仕事の創出です。

コラム 事務セクションの「涙」と「笑顔」

著者は金融機関で事務セクションの管理職や関連会社役員等の立場でオフィスワークに長年かかわってきました。1990年前後のいわゆる「バブル経済」の頃は、日本の運用ファンドにおける外国証券投資が爆発的に増えていました。事務量の急増に加えて海外現地との時差もあり、連日タクシー帰りということも珍しくありませんでした。知識と経験が乏しく、まさに手探り状態ですので、毎日のようにトラブルが起きます。当時マネージャークラスだった私は、予備のハンカチをカバンに入れて出勤するのが習慣となりました。遅くまで残業しながら端末入力している女性社員に声をかけると堰《せき》を切ったように泣き出し、話を聞きながらハンカチを差し出すとあふれる涙をぬぐって「洗濯して明日お返しします」というようなことがあったからです。いまになって思えば、ハンカチだけではなく、もっと勇気をあげられなかったものかと悔やまれますが、私も含め全員が連日の長時間労働に耐えながら展望がみえないなかで必死に仕事をしていました。まさに、新業務についての業務設計、資源配分、プロセス管理、人材育成が間に合っていない事例というべきでしょう。

その後、別の業務の役席者を担当していたときには「最近、以前よりも良くなってきたよね！」とお互いに笑顔で語り合う場面も体験しました。過去の同じ月に起きた事務ミス事例を表にまとめて各セクションの朝礼で紹介し、具体的な注意ポイントを確認しあったことが効果を発揮したと考えられます。また、セクションごとの取組状況を公表して競争したことも良い励みになりました。これらの合わせ技で「前向き」ムードが出て、メンバーのやる気も出てきたのではないかと感じています。そして、関連会社役員時代には、「書類ボックスの配置順を変えて、業務をやりやすく改善しました」などのちょっとした工夫でも、情報が耳に入れば必ずその現場へ足を運んでその発案者を称《たた》えることを実践しました。これもモチベーションアップに効果があったと実感しています。また、手順書整備（標準化）と多能工化（マルチ化）を進めた結果、業務量が1.5倍以上に増加したにもかかわらず同じ人員数で残業も増やさずに対応し、事務ミスの大幅削減も実現するという成功事例も体験することができました。このような地道な取組みのなかで、成果を実感しながらみんなが喜ぶ姿をみるのはとてもうれしいことでした。

現場からはじめる働き方改革

2019年 3 月28日　第 1 刷発行

著　者　宮崎　敬
　　　　佐貫　総一郎
発行者　倉田　勲

〒160-8520　東京都新宿区南元町19
発　行　所　一般社団法人 金融財政事情研究会
企画・制作・販売　株式会社 き ん ざ い
出 版 部　TEL 03(3355)2251　FAX 03(3357)7416
販売受付　TEL 03(3358)2891　FAX 03(3358)0037
URL https://www.kinzai.jp/

DTP・校正：株式会社アイシーエム／印刷：三松堂株式会社

ISBN978-4-322-13447-6